PHYSIOLOGIE

DE LA

POIRE.

Prenez et mangez : ceci est mon corps,
ceci est mon sang.

N. S. J.-C.

Imprimerie de AUGUSTE MIE, rue Joquelet, n. 9, placé de la Bourse.

PHYSIOLOGIE

DE LA

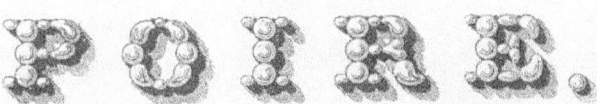

POIRE.

PAR LOUIS BENOIT, JARDINIER.

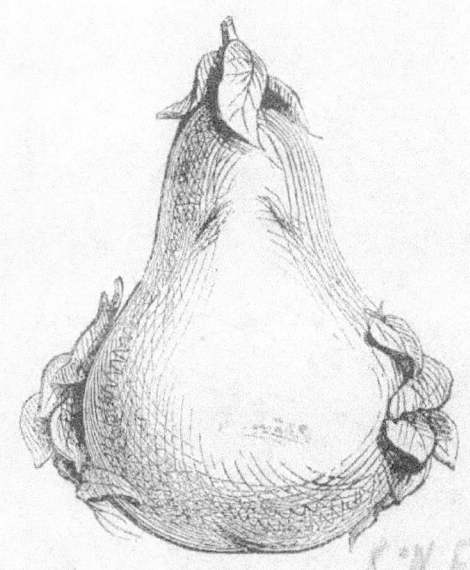

PARIS.

CHEZ LES LIBRAIRES DE LA PLACE DE LA BOURSE

ET CEUX DU PALAIS-ROYAL.

1832.

CORRESPONDANCE.

I.

Un gros éditeur du quartier de l'Ecole-de-Méde-cine, — à l'auteur du présent Traité.

Monsieur,

Je viens de recevoir la dernière épreuve du *Traité physiologique de la Poire*, que vous avez bien voulu me renvoyer hier au soir, corrigée de votre main. Vous vous êtes plaint en marge des fautes typographiques qui fourmillaient dans cette dernière feuille comme dans toutes les autres. Vous me permettrez de considérer cette observation comme chose infiniment oiseuse, et de n'y répondre que par le sourire du métier.

Les fautes d'impression ne sont rien, monsieur; les lettres renversées, les lignes sautées, les pages même transposées, qu'est cela, je vous prie, en comparaison de la faute grave, énorme, irrémissible, dont j'ai à vous parler : faute que je n'ose encore qualifier d'irréparable, puisqu'il y a tout lieu de croire que vous la réparerez sous le plus court délai.

Je veux vous parler de cette malheureuse inspiration qui vous est venue l'autre jour de ne faire, sur un si beau sujet, qu'un seul volume *in-octavo* de 300 pages environ. C'est un grand tort cela, monsieur l'auteur, et je ne vous le pardonnerai de ma vie.

Vous vous souvenez que lorsque nous traitâmes de votre grand ouvrage sur la *Culture des Arbres fruitiers*, il fut convenu que le Traité de la Poire ou du Poirier tiendrait, à lui seul, deux gros volumes in-quarto, suivis de planches coloriées, et accompagnées de notes explicatives, à l'instar des *Eclaircis-semens* imprimés à la fin des OEuvres complètes de M. Jouy.

Vous me promîtes à cette époque, et la main sur le cœur, comme un chef de jury, que l'ouvrage complet aurait autant de volumes à lui tout seul qu'en réunissent à eux trois le *Dictionnaire des sciences naturelles* de M. Levrault, le *Dictionnaire des sciences médicales* de M. Panckoucke, et la fameuse collection du *Bulletin des lois*.

Je ne fis marché avec vous qu'à cette seule condition !

Et maintenant, monsieur l'auteur, vous

me livrez un petit in-octavo si mince , si mince , qu'à le voir sur mon étalage , on le prendra infailliblement pour *Mademoiselle de Liron,* ou telle autre bagatelle semblable comme en publient tous les jours mes confrères Levavasseur et Gosselin.

Vous sentez bien, monsieur l'auteur, que les choses ne peuvent se passer ainsi.

Je suis un éditeur de poids , un éditeur de conscience , un éditeur à part , un éditeur à grandes opérations.

Je suis un savant éditeur d'ouvrages savans.

Je demeure dans le quartier de l'École·

de-Médecine, et je fais fi de vos librairies modernes, de vos librairies frivoles, de vos librairies du Palais-Royal !

J'étale à la fois derrière les vitres de mon
spacieux magasin, Boyer, Broussais, Thé-
nard, Alibert, Magendie, Richerand, Laën-
nec, Dupuytren, Récamier, Ampère,
Orfila.

J'aurais étalé votre *Physiologie de la
Poire* avec le plus grand plaisir, si votre
Physiologie de la Poire eût comporté plus
d'un misérable volume in-8°.

Mais, je vous le dis, monsieur, je n'aime
point à me bouger pour un volume; je suis

né pour les grandes choses, pour les gigan-
tesques Atlas, pour les immenses Diction-
naires, pour les interminables Encyclopé-
dies. — Je suis le Bonaparte de la librairie
française.

En conséquence, monsieur, je vous déclare que rien ne sera fait entre nous, si
vous ne donnez au moins deux volumes à
votre petit Traité.

Agréez, etc.   ***

II.

L'auteur, au gros éditeur du quartier de l'École - de - Médecine.

Monsieur,

Vous me voyez, pardieu, fort affligé de ne pouvoir vous donner ce que je vous avais si solennellement promis. Mais malgré la bonne envie que nous en aurions, vous et moi, le *Traité physiologique de la Poire* ne saurait être augmenté d'une ligne, au commencement ou à la fin, sans compromettre gravement le succès à venir de tout l'ouvrage et partant la renommée à venir qui, Dieu aidant, me conduira peut-être quelque jour, moi candidat in-

digne, à l'Académie des sciences ou à l'hôpital.

Lorsque je commençai le livre dont la
dernière feuille m'a été envoyée hier toute
maculée d'erreurs typographiques (au diable soit l'imprimeur damné!), mon intention était bien, je l'avoue, de faire
deux volumes approchant, deux volumes
de trente-six feuilles chaque, avec table
raisonnée des matières et planches coloriées.
J'avais l'intention, en outre, de donner un
*Traité complet des Fruits et des Arbres
fruitiers, et des rapports qu'ils ont entre
eux.* — La *Physiologie de la Poire* devait
être la Genèse de cette autre Bible, la hure

de cet autre Goliath, le portique de cette autre Encyclopédie.

Malheureusement les temps ne se sont pas faits bons aux colossales entreprises scientifiques et littéraires, et les longs ouvrages font peur maintenant au public comme ils faisaient peur jadis au conteur de la *Matrone d'Ephése* et au fablier de *Jean Lapin.* Nous en sommes arrivés à la politique en pamphlets, à la littérature en satires hebdomadaires, à la science en résumés. La rage de tout abréger a fait irruption partout. Le monde n'est plein, au moment où nous parlons, que de lecteurs pressans et d'écrivains pressés. Fort heureu-

sement, M. Guizot et M. Thiers n'ont pas
attendu notre impatiente époque pour commencer, l'un son *Histoire de la Révolution
de* 1688, l'autre son *Histoire de la Révolution de* 1789. Si ces deux messieurs se fussent attardés dans la publication de leur
bagage historique, ils auraient couru grand
risque, à mon avis, de ne faire jamais, aux
yeux de la postérité lisante, d'autre figure
que celle que nous leur voyons faire aujour-
d'hui : figure triste, après tout, figure blê-
me, effarée et piteuse : figure d'hommes d'état
à la veille d'une session. Leurs grands ouvrages se fussent résumés, comme la taille de
M. Thiers, dans un médiocre format *in-
trente-deux*.

J'ai vu et compris cette tendance impérieuse de l'époque à tout abréger, à tout rapetisser. J'ai pesé ce siècle à son poids, et j'ai jugé que les aristarques du temps étaient hommes à me tenir compte d'un petit volume à l'égal d'un gros livre.

C'est pourquoi je me suis décidé à laisser là le gros livre, et à ne vous donner qu'un petit volume.

Oui, mon cher éditeur; et dussé-je encourir toute votre indignation, je dois vous déclarer que non-seulement le Traité particulier de la Poire est fini, mais encore tout l'ouvrage, tout ce formidable *Traité des*

Fruits et des Arbres fruitiers que je me pro-
posais de publier chez vous par livraisons.

Vous devez bien penser qu'il m'a fallu
long-temps pour enraciner en moi cette iné-
branlable résolution. Mais enfin elle est prise,
et rien désormais, pas même les prières à
mains jointes d'un éditeur agenouillé, rien,
je le sens, n'est capable de me faire reprendre le cours des travaux que j'ai interrompus.

S'il faut même vous dire toute ma pensée, j'ai hésité sérieusement à vous laisser
publier la parcelle de mon gros livre qui est
déjà imprimée. Ce petit morceau dont vous

**

avez bien voulu faire l'acquisition d'avance,
à beaux deniers comptans , sans pour cela
tirer le canon dans les journaux, comme font
la plupart de vos confrères en Barbin, n'est
autre chose, après tout, que le premier an-
neau d'une immense chaîne laquelle devait,
selon mes projets, croître et s'étendre démesurément et à l'infini. — J'ai lieu de craindre,
en isolant et disloquant ainsi les divers
membres de mon syllogisme ; en donnant
ainsi au public la majeure avant la mineure,
et la mineure avant le conclusion ; j'ai lieu
de craindre, dis-je , que le succès de mon
argument en souffre et que la haute portée
de mes raisonnemens soit tenue à sophisme
ou, qui pis est, à coq-à-l'âne par le juge-

ment incomplet du public ignorant ou super-
ficiel. Ces appréhensions, que j'essaierais en
vain de vous analyser telles que je les ai res-
senties, m'ont fait passer de bien cruelles
heures, la nuit, sur mon chevet, quand je
ne dormais pas.

D'autre part cependant, il est assez disgracieux pour un écrivain de conscience et
de probité qui a commencé un grand ouvrage,
de sacrifier à tout jamais *le* ou *les* premiers
volumes de ce grand ouvrage accroché en
chemin par les événemens, sans autre raison
que celle formulée en ce peu de mots: — le public contemporain n'aime pas les encyclopé-
dies! — Il est dur de deshériter brutalement

***

la postérité du legs généreux qu'elle atten-
dait de nous.

Aussi me suis-je bientôt ravisé, mon cher
Éditeur, et, pour ne pas faire clabauder
après moi les générations à venir, j'ai con-
senti à me laisser satiner, plier et brocher,
tout informe que me voilà, sans plus de façons que s'il s'agissait pour moi d'avoir seulement le succès d'un roman de pacotille,
comme en font MM. Lamotte-Langon, Tou-
chard-Lafosse, Ricard, Raban et Morton-
val.

Comme il est assez probable que notre
publication, quoique dépareillée, obtiendra

un grand nombre d'éditions successives, ou
même simultanées, et que cette réussite pro-
digieuse ne le cédera à aucunes que je sache,
pas même à celles de la *Philippide*, d'*Ali-
le-Renard* et du *Manuscrit vert* ; — je crois
de ma conscience d'homme et de ma probité
d'écrivain, de consigner ici la déclaration
suivante laquelle, pour plus de publicité,
pourra être imprimée entre le titre et la préface de mon Traité, si vous le jugez con-
forme à vos vues particulières d'Éditeur,
aux habitudes tracassières du public, et
à mes intérêts personnels d'amour-propre et
de réputation.

— Moi, l'auteur de l'ouvrage intitulé :

Physiologie de la poire, intimement con-
vaincu que je suis d'avance du succès universel auquel est infailliblement réservée
cette œuvre de mes studieux loisirs, je
n'imiterai pas J. J. Barthélemy, du *Voyage
d'Anacharsis en Grèce*, auquel on repro-
che aec raison de n'avoir pas fait connaître
au public même des savans les sources
d'érudition auxquelles il a puisé. — Je déclare avec plaisir que je me suis quelquefois
aidé ou, du moins, fort souvent inspiré,
pour parfaire ce livre, de la lecture d'un
Recueil scientifique hebdomadaire qui paraît de nos jours où pourtant on s'occupe si
peu de choses positives, et qui se fait lire as-
sidument de tout le monde, sans distinc-

tion aucune d'aptitudes et de capacités. Ce Recueil, auprès duquel le *Journal des Savans* est une publication des plus frivoles et la *Gazette médicale* une revue des plus anacréontiques, s'appelle la *Caricature*, est de format *in-quarto*, comme la plupart des gros livres sérieux, et paraît tous les jeudis.

Les rédacteurs de cet important recueil sont évidemment de grands naturalistes. Ils se sont occupés bien avant nous de la culture du Poirier et de l'histoire physiologique de la Poire. Ils ont constamment accompagné leur texte de planches noires ou coloriées, toutes démonstratives, expressives,

explicatives. Ils ont fait faire de grands pas
à la science de l'horticulture dont ils ont
puissamment contribué à renouveler chez
nous le goût presque éteint. Ils ont ainsi,
nous le proclamons hautement, bien mérité
de la patrie et de l'Institut !

L'article PYRUS, *Poirier*, dans le *Dictionnaire des Sciences naturelles*, est
signé : L. D. — Vous vous souvenez que ces
savantes initiales sont aussi celles du rédac-
teur en chef de la *Caricature*. — Nul doute,
à mon avis, que les deux écrivains ne fas-
sent qu'un.

Je dois beaucoup de remercîmens à

M. L. D. pour les vives lumières dont il a, par son journal, éclairé mes investigations dans le domaine souvent ténébreux de la botanique en matière de poire. Il est impossible de retourner cette question plus adroitement qu'il ne l'a fait dans une foule d'excellens articles dont je proposerais la réimpression aux frais de l'Institut, — si j'étais de l'Institut.

Mais je ne suis pas de l'Institut.

Je ne suis pas même pair de France !

C'est pourquoi je me bornerai seulement à conseiller la lecture du journal scientifique de M. L. D. à la généralité des savans qui aspirent à obtenir quelque jour une chaire de Botanique au Jardin-des-Plantes.

Voilà, mon cher éditeur, la déclaration franche et loyale que je me propose d'intercaler, si faire se peut, dans la première de toutes les éditions que vous ferez de mon Traité.

Agréez, etc.

L'auteur de la *Physiologie de la Poire*.

III.

Réponse du gros éditeur.

Mon cher monsieur,

Vous pouvez garder votre volume et votre déclaration. Définitivement j'aurais regret à me charger de la publication de l'un, et il ne me convient pas d'imprimer l'autre.

Je tiens à votre disposition les feuilles déjà tirées de votre livre, pour le cas où il vous conviendrait de les faire enlever, ce qui m'obligerait, je vous l'avoue, et me débarrasserait tout-à-la-fois.

Je vous salue de tout mon cœur,

***

Gros-éditeur du quartier de

l'Ecole de Médecine.

———◆———

IV.

L'auteur à M. Six-Étoiles, libraire.

Monsieur,

J'ai eu affaire à un mal-appris d'éditeur qui ne comprend la librairie que par quintaux, et qui se refuse à publier un livre de moi parce que ce livre n'est pas assez gros, selon

lui. Ce livre est pourtant imprimé, ce livre
est en feuilles, et je serais désespéré qu'il restât
éternellement inédit. — Vous plairait-il vous
en charger, monsieur? — C'est un Traité
d'Histoire naturelle fort magnifiquement
conçu et largement exécuté, à mon avis,
dont le succès est probablement sûr, et qui
ne peut que nous faire le plus grand honneur, à la science, à vous et à moi.

J'ai en tête une innombrable quantité
d'autres ouvrages, tous sur des sujets d'horticulture et de botanique, auxquels je
mettrai la première main, si vous vendez
bien celui-ci.

Vous pouvez les annoncer dès ce moment

dans votre Catalogue et dans les affiches du *Figaro*.

Agréez, etc.

L'auteur de la *Physiologie de la Poire*.

━━◆━━

V.

Réponse de M. Six-Étoiles.

J'annoncerai, monsieur, je publierai, je vendrai.

Tout à vous.

Six-Étoiles, libraire,

Place de la Bourse.

PROGRAMME

En guise de Préface.

PROGRAMME

EN GUISE

DE

PRÉFACE.

———⊰⊱———

Il y a mille manières de commencer un livre.

Tacite ouvre le sien par : — *Rome fut,*

I

originairement, gouvernée par des consuls.

Rabelais débute par : — *A vous beuveurs très-illustres.... »* — Je n'ose transcrire le reste de la dédicace pantagruélique inspirée par la plus af-fectueuse des sympathies au paillard curé de Meudon.

M. de Salignac-Fénelon, commence ainsi : — *Calypso ne pouvait se consoler...* etc.

Perrault, le sublime conteur, entre en matière par : — *Il était une fois....*

Les réponses royales aux discours d'apparat pour la célébration périodique des illustres nais-sances, des fêtes augustes et des mémorables avé-nemens, s'annoncent volontiers par le protocole obligé : — « *Je reçois toujours avec une nouvelle satisfaction...* etc. »

Toutes ces diverses façons de liminaires ont du bon, j'en conviens.

Mais le livre que voici, ce livre si au-dessus de tous ceux que nous venons de désigner par les noms de leurs auteurs; ce livre à la fois disert et érudit sur une question d'horticulture aussi importante que l'est aujourd'hui celle renfermée dans ce titre : — DE LA POIRE CONSIDÉRÉE SOUS SES RAPPORTS PHYSIOLOGIQUES; — ce livre, disons-nous, si universellement désiré, si impatiemment attendu, comment le commencer?

Comment? — Hé! vrai dieu, comme ont l'habitude de jurer tous les héros dramatiques de M. Alexandre Dumas, — hé! vrai dieu! par un petit bout de notice sur l'auteur, par un petit bout de programme sur l'ouvrage.

Aussi bien, tout livre monumental doit avoir sa préface. Voyez l'*Encyclopédie* de Diderot, et l'*Ane mort* de M. Jules Janin.

Mais le mot *préface* se fait terriblement

vieux. Et puis il est convenu que les *préfaces* sont quelquefois menteuses.

Les *programmes*, à la vérité, ne le sont guère moins.

Mais *programme* est un mot tout moderne, à peine âgé de deux ans au moment où nous écrivons, et dont on trouve l'étymologie, je crois, dans un vieux mot gaulois presque oublié, qui signifie « *Hôtel-de-Ville*. » — C'est pourquoi nous le choisissons.

L'Hôtel-de-ville! — Ce fut là que l'auteur du livre qu'on va lire se trouvait le 29 juillet 1830 (la troisième des *mémorables*, si j'ai bonne souvenance), en compagnie des bras-nus de la Grande Semaine, en compagnie des polytechniciens, des artilleurs, des généraux Lafayette et Dubourg. — Il était même aide-de-camp de l'un de ces derniers, — n'importe duquel. Tout le

monde, comme on sait, a été aide-de-camp de
Lafayette, ou tout au moins du général Dubourg,
lors des trois grandes journées. C'est une qualité qu'on peut prendre chez nous impunément,
comme celle de prince ou de marquis.

Singulière cohue que celle qui s'agitait alors
dans les vastes salles de l'hôtel au cadran lumineux! — Le peuple y commandait en despote.
Toutefois, à voir la façon dont gravitaient autour
de lui les événemens, à voir l'air mystérieuse-
ment affairé de quelques nécessaires *libéraux*,
faufilés déjà dans la foule des héros patriotes, et
allant de l'un à l'autre comme les chérubins ailés
de l'arche d'alliance; échangeant le mot d'ordre
à voix basse; semant çà et là des noms propres,
des noms augustes, des noms très-hauts, très-
puissans, très-excellens; à les voir déjà, ces
figures obligées de courtisans marrons, circuler
parmi les groupes et ménager habilement toutes

choses pour la réussite de leur mission; — car c'é-
tait véritablement d'une mission qu'ils étaient char-
gés; — à voir la précipitation que mettait le Peuple-Roi à jouir de son règne; à voir, disons-nous,
toutes ces choses, la compassion prenait au cœur,
et je ne sais quel invincible dégoût s'y mêlait, sans
qu'aucune maligne volonté favorisât en rien cette
fâcheuse association. L'auteur de ce livre vit et
éprouva tout cela. Il pressentit dès-lors tout ce
que nous avons vu se réaliser depuis, et croisant
les bras sur sa poitrine, comme vous avez vu
faire à M. Gobert et à M. Frédérick, dans *Napoléon*, il siffla piteusement l'air de cannibales qui
commence ainsi :

Ah ! ça ira ! ça ira ! ça ira !

La *Parisienne* alors n'était pas inventée. M. Delavigne y travaillait sans doute déjà; mais à peine achevait-il le fameux couplet :

> Soldat du drapeau tricolore,
>
> D'Orléans, toi qui l'as porté....

Malgré toute la bonne volonté qu'il en aurait eue, l'auteur du présent ouvrage ne pouvait donc siffler encore la *Parisienne*. — Il s'en tint à l'air consacré : « *Ça ira.* »

Et *ça alla* bon train, comme vous savez. Le *Peuple-Roi* fut, sans trop de façons, éliminé de cet *Hôtel-de-Ville* qu'il avait pris. Les habiles lui persuadèrent que ce serait une belle chose à entreprendre que le voyage de Rambouillet.

A Rambouillet donc les brouillons, les patriotes, les hommes gênans, les entêtés, les intraita-

bles, les têtes dures, les *purs*, les républicains !
A Rambouillet tout cela ! A Rambouillet tous
ceux dont on ne sait que faire à Paris ! Voilà des
bras qui se sont bien battus hier, avant-hier, et
encore le jour précédent ; voilà des gaillards qui
se sont bien *brossé le cuir* avec la garde royale,
comme dirait Charlet, le grand dessinateur, l'ar-
tiste du gamin et du troupier ; voilà une populace de héros ; de héros, soit ! mais ces héros
n'ont plus rien à faire ; il n'y a pas tous les jours
un Louvre à prendre ; ces intrépides gaillards
s'accoudent maintenant sur leurs fusils, les yeux
braqués sur le grand balcon de l'Hôtel-de-Ville ;
ces bras vigoureux se croisent avec une mena-
çante tranquillité... — Que faire de tout ce ramas
de héros oisifs? Ce sont autant d'espions armés,
prêts à deviner et à combattre ; autant d'obsta-
cles, autant d'ennemis qu'il faut écarter, qu'il
faut éloigner. — A Rambouillet tout cela ! — Mes

amis, mes chers amis, vous vous êtes vaillamment
comportés, vous vous êtes conduits en braves;
vous avez bien mérité de la patrie. C'est beau,
c'est glorieux; je vous applaudis, je suis content
de vous!... — Faites-moi le plaisir d'aller voir à
Rambouillet si j'y suis.

Et le Peuple-Roi partit docilement pour Rambouillet.

Et le jeune auteur de ce livre physiologique
suivit, comme un mouton, le Peuple-Roi.

Ce fut une bouffonne équipée que ce fameux
pèlerinage de Rambouillet.

Le pèlerin, c'était tout un peuple; tout un
peuple roulant et marchant, tout un peuple en
voiture et à pied; le gouvernement-provisoire
avait disposé les choses de façon que la *sainte
canaille* de M. Auguste Barbier pouvait monter

en fiacre et en omnibus sans bourse délier. — O philantropie des 221 !

Il y eut beaucoup de monde au Longchamps de Rambouillet.

Seulement quand on y fut arrivé..... on en revint.

Pas assez précipitamment toutefois pour que les choses n'eussent vigoureusement marché durant l'absence du Peuple-Roi. — Quand celui-ci fut de retour, il s'ébahit en voyant qu'il avait perdu son épithète.

Le grand palais, le grand château, le grand hôtel, le chef-lieu de Paris maintenant, ce n'était plus l'*Hôtel-de-Ville* : c'était le *Palais-Royal*.

Il n'y avait plus de lieutenant-général du royaume : il y avait un roi.

Il n'y avait plus de pavois militaire élevé sur

des cadavres de Suisses et des pavés de grès : —
Il y avait un trône, *entouré d'institutions répu-*
blicaines.

Cela me rappelle le médaillon du *Joueur*, en-
touré de diamans. Valère le mit un jour en gage
chez madame La Ressource.

Le peuple dépossédé vit qu'il avait eu tort de
partir, tandis que tant de gens étaient restés.

Il se repentit amèrement de son escapade à
Rambouillet, et cacha son fusil.

Car on parlait déjà de désarmer l'héroïque po-
pulation de Paris.

Lafayette perdit un-à-un tous ses aides-de-
camp.

L'auteur de ce livre fut le dernier qui consen-
tit à abdiquer ainsi toute solidarité avec l'*Homme*
des deux mondes.

Mais voyant que chacun tournait le dos à l'ami

de Washington, il fit comme chacun. Il lui tourna le dos.

Que de choses se succédèrent autour de nous et au milieu de nous, avant que les consciences de nombre de gens bien pensans en vinssent à cette fâcheuse extrémité!

Mais toute chose a sa fin; la popularité aussi; la popularité surtout!

Il y eut un moment où la popularité de Lafayette chancela : ce fut celui où l'illustre général se présenta au peuple mutiné, lors du procès des ministres, et où il dit, en se retournant, ces mémorables paroles : — « *Je ne reconnais pas ici les figures que j'ai vues derrière les barricades de juillet!* »

C'étaient bien les mêmes pourtant, mon général! C'étaient bien les figures des trois journées : jaunes, noires, terreuses, albumineuses, bistrées, tachetées, hérissées, osseuses, anguleuses, étranges de caractère et de singularité. Vous avez fait preuve de mauvaise volonté en ne les reconnaissant pas, mon général, car c'étaient bien elles, je vous en réponds!

Néanmoins, comme il s'obstinait à ne pas reconnaître les héros de juillet, ceux-ci crièrent *haro* sur l'homme des Trois Révolutions; ils le prirent, ils le poussèrent, ils se le renvoyèrent, ils se le passèrent de main en main comme on se passe un *juniperus* ou un pot de *jusquiame* dans l'amphithéâtre de botanique, au Jardin des Plantes. C'est ainsi que, porté, heurté, balotté, molesté, lui et son cheval blanc, le vénérable général fut rendu à ses frères d'armes de la garde nationale, lesquels ouvrirent spontanément les rangs à leur général en chef.

Lafayette n'était pas encore remplacé par le général Mouton-Lobau.

Fort heureusement pour la popularité de M. de Lafayette, une ordonnance du Roi survint qui le *disgrácia*.

Précipité du faîte du commandement de toutes les gardes nationales de France, remplacé dans ces éminentes fonctions par M. Mouton-Lobau, le général Lafayette reconquit auprès des masses sa vieille popularité de comptoir et d'arrière-boutique. — Il était temps!

Comptoirs! arrière-boutiques! — Hélas! quels mots viens-je de prononcer! Quel contre-sens, bon Dieu! quelle énorme cacologie ai-je commise là! Ce ne sont pas les comptoirs, encore bien moins les arrière-boutiques qui ont gardé pour la popularité du général Lafayette ce reste d'amour jaloux et fervent dont la tradition se perd chez nous de plus en plus, au grand déplaisir de quiconque aspire à se faire une renommée! — Ce ne sont pas

les comptoirs, oh! non! les arrière-boutiques
non plus, qui ont maintenant, comme sous Charles X, le monopole du *patriotisme vraiment français*, de ce patriotisme à la Chauvin, dont le vau-
deville a si long-temps raffolé, et que Charlet a si
puissamment contribué à nourrir parmi nous, en
dépit des courtisans que cela irrite, en dépit des
élégans qui trouvent cela de mauvais ton. Les
comptoirs et les arrière-boutiques ont perdu leur
parfum de patriotisme, comme le Marais a perdu
son parfum de bourgeoisie depuis qu'on y chante,
comme ailleurs, la *Marseillaise*, la *Parisienne* et
le *Chant du départ*. La boutique est impopulaire
maintenant comme Lafayette a failli l'être, comme
M. de Schonen l'est encore, comme M. Odilon-
Barrot le sera si le juste-milieu lui joue le mauvais
tour de l'appeler au ministère.

L'arrière-boutique! c'est l'officine où s'élaborent

une à une toutes les idées cornues que le juste-
milieu fait passer dans la circulation ; c'est le
grand *capharnaum* où vont aboutir aujourd'hui
les méchans sarcasmes, les disgracieux quolibets.
L'épicier surtout, l'épicier semble avoir le privi-
lége de l'impopularité! C'est une victime dévouée
pour le moment à toutes les misères, à tous les
martyres. Je ne sais qui de nous, classiques ou
romantiques, s'avisa le premier de dire, en dési-
gnant un honnête bourgeois au front déprimé,
aux cheveux filasseux, aux énormes favoris, au
col de chemise hyperboliquement triangulaire,
au chapeau fait en tuyau de poële, à l'habit pointu,
au simpiternel parapluie, etc., etc., — je ne sais,
dis-je, qui s'écria le premier, en voyant passer le
chrétien porteur d'un tel signalement : — « Voilà
un épicier! » — Quoi qu'il en soit, le mot a fait
fortune, et sa vogue durera long-temps ; plus
long-temps que celle de Mayeux, laquelle, comme

on sait, n'a pas survécu aux journées citoyennes
des 5 et 6 juin 1832.

Mais nous anticipons.

La date de la disgrâce où tomba si opportuné-
ment pour sa popularité le vénérable général Lafayette, ce grand fabricateur de rois, qui, en son
langage figuré, nous persuada un jour qu'un roi
c'est une république; cette date, disons-nous, fut
assez rapprochée d'une autre, non moins célèbre :
celle de la translation de la cour de Louis-Philippe
aux Tuileries. Cette translation, ou ce déménagement, comme il vous plaira l'appeler, s'effectua
de façon toute bourgeoise. La royauté de juillet,
cette royauté citoyenne à qui, depuis long-temps,
on reprochait d'être mal logée, fit un jour droit
à la remontrance, et mettant sa couronne sous
son bras, dit à ses aides-de-camp : — «Messieurs,
aux Tuileries ! »

2

Adieu donc les fanfares et les beaux plumets. Adieu l'état-major doré qui passait et repassait si souvent aux fenêtres de la cour d'honneur! Adieu le Palais-Royal tel que nous l'avions vu depuis les Trois-Journées : militaire et courtisan, gravitant autour du château ducal, avec son double aspect de cour et de corps-de-garde! Adieu les splendeurs de la salle du trône auxquelles rien encore, pas même la fête donnée au roi de Naples, n'avait aguerri les habitués du Palais-Royal. Adieu le riche joyau qui brillait de tant d'éclat à travers les draperies des croisées : magnifique épingle de jabot que Louis-Philippe avait tirée du jeu des barricades! royale trouvaille en l'honneur de laquelle il avait fait blanchir sa chemise, autrement dit, gratter son palais! Adieu la nouvelle cour, la cour bourgeoise, la cour parvenue! Adieu les voitures de ministres stationnant vis-à-vis de M. Chevet, le friand marchand de comestibles!

Adieu tout cela! — Le Palais-Royal cessa tout-à-coup d'aimanter Paris; le Palais-Royal fut vide; on ne s'en occupa plus. — Tous les regards se tournèrent vers les Tuileries.

L'auteur de ce livre était placé de manière à bien voir, le jour où la Royauté de juillet déménagea.

Mais qui l'aurait pu penser! Les spacieuses Tuileries, assez grandes pour les vieux rois Bourbons qui l'habitaient; assez grande pour Napoléon Bonaparte qui y logea aussi avec une valetaille de rois subalternes et de généraux ambitieux; les Tuileries, assez grandes pour le Conseil des Cinq-Cents, ne le furent pas assez pour le nouvel hôte qui y vint coucher, lui, premier du nom, accompagné de sa famille! Il fallut songer à les élargir; ce qu'essaya M. Fontaine, et ce

2*

qu'il achèvera quelque jour, vous le verrez, si la
providence de Dieu n'y met ordre.

Pauvres Tuileries! pauvre Jean Goujon! pauvre Philibert Delorme!

Je m'aperçois encore que nous anticipons.

Au moment où s'effectua le déménagement de
la cour, il y eut quelque émotion dans cette belle
capitale. L'émeute donnait en ce temps-là, et les
nombreux préfets de police qui se succédaient
alors sans interruption à l'hôtel de la rue de Jé-
rusalem avaient beaucoup de mal, je vous assure,
eux et leurs mouchards.

Une grande conspiration vint à éclater, je ne
sais plus sous quelle arche du pont des Arts.

Une autre conspiration fut surprise en flagrant
délit tandis qu'elle buvait du sang et mangeait des
enfans tout crus aux *Vendanges de Bourgogne*.

L'auteur de ce livre fut impliqué dans ces deux conspirations dont il est encore à se persuader toute l'horreur. Acquitté par les jurés, il n'eut pas même la satisfaction de pouvoir maudire ses juges.

Un jour, — c'était en juin dernier, — il s'avisa d'aller au convoi du général Lamarque. Arrivé au pont d'Austerlitz, il fut chargé par la garde royale, — je veux dire *municipale*; et comme il crut que juillet était revenu, il se battit ce jour-là comme en juillet.

C'est pourquoi il fut pris, frappé, injurié, incarcéré, traduit devant un conseil-de-guerre, condamné à mort et, je crois, dégradé....

Il ne s'était pourtant rien permis de plus en juin 1832 qu'en juillet 1830.

Depuis, la sentence mortifère a été révoquée; mais le verrou a remplacé la hache : Sainte-Pélagie s'est substituée à Bicêtre, la prison à l'échafaud.

Ainsi l'auteur du présent *in-octavo* ne sera pas fusillé comme Ney ou Caron ;

Il ne sera pas guillotiné comme Bories, Raoulx, Pommier et Goubin ;

Il n'aura pas les oreilles coupées comme Prynne, Bastwick et Burton, les trois célèbres puritains ;

Le nez et les oreilles coupées, comme Lysimaque ;

Les yeux crevés, comme le vieux baron de Montescaglioso, au tems de Guillaume Ier dit *le méchant*, roi de Naples et de Sicile ;

Il ne sera pas pendu, comme Villon-le-poète, Villon-le-rufian, Villon-l'argotier, Villon-le-voleur, Villon-Credeville, Villon le prince des sots ;

Il ne sera pas tiré à quatre chevaux, comme Damiens ;

Mis en croix, comme Barabbas;

Enterré vif, comme Perrette Mauger , au tems de Louis XI;

Poignardé dans son bain, comme Marat;

Fusillé dans son fauteuil, comme d'Elbée;

Mené à rebours sur un âne, comme Perkins-Warbec;

Berné, comme Don-Quichotte;

Mangé par un lion, comme M. Martin;

Battu de verges, comme Candide;

Brûlé, comme Saint-Laurent;

Etranglé, comme le prince de Condé;

Non; rien de tout cela. — Il fera tout simplement son tems à Sainte-Pélagie, comme autrefois sous la Restauration, MM. Jay, Jouy, Cauchois-Lemaire et Béranger.

C'est à Sainte-Pélagie qu'il a appris les noyades du Pont-d'Areole.

Et à ce propos , il s'est interrogé sérieusement sur la question de savoir si les ponts étaient décidément chose dangereuse en politique.

Il s'est rappelé en masse trois événemens de la plus haute importance qui se rattachent à trois ponts, dont deux en fer , et le troisième suspendu : trois événemens qui se sont passés, soit à côté, soit dessus, sois dessous, et dont le fleuve, en coulant, n'a pu emporter ni la trace , ni le souvenir. — Ces événemens sont: *Primò,* — la *grande Conspiration de l'arche du pont des Arts ; — secundò,* la *charge* mémorable des dragons *au pont d'Austerlitz; — tertiò,* enfin, les noyades du *pont d'Arcole.*

A force de confronter et de se ressouvenir,

l'auteur du présent livre a pris en un violent dégoût la politique et les hommes qui la font, — en
pitié seulement ceux qui en font. Il s'est dit : —
« A quoi bon vivre au milieu de toutes ces agita-
« tions fiévreuses qui se disputent et se tiraillent
« opiniâtrement notre vie? — Que m'en revient-
« il de m'être montré si zélé et si ardent? — Un
« demi-pouce de méchant ruban bleu à liséré
« rouge, qui a failli vingt fois me faire assom-
« mer, — voilà tout ; des amendes, des condam-
« nations et, en somme, la prison ; et quelle pri-
« son! Sainte-Pélagie, la plus turbulente de
« toutes! Sainte-Pélagie où l'on tue comme
« ailleurs ; où règnent, comme ailleurs, le ser-
« gent de ville et le garde-municipal ; où l'on
« sabre, où l'on charge, où l'on exécute des feux
« de pelotons, comme à la rue Saint-Merry ; où
« l'on tire sur Jacobeus à bout-portant, où Ja-
« cobeus tombe mort comme autrefois Brune,

« sous les coups des assassins d'Avignon.... —
» Dieu vous préserve, ô mes amis! de Sainte-
» Pélagie!

« Une bonne détermination, jeune homme!
« Retire-toi de la politique. Fais de la prose et
« des vers innocens. Crée-toi une occupation né-
« gative. Regarde couler l'eau, ou crache dans
« un puits, comme ce grand flandrin de vi-
« comte. — Bien avisé sera M. Persil, s'il voit
« là-dedans matière à réquisitoire. Dépiste les
« gens du roi, mon garçon. — Occupe-toi de
« botanique!

« De botanique! — Eh! oui : pourquoi non? La
« science des Noisette et des Thüin mérite bien
« d'occuper les loisirs du prisonnier, qui a tant
« de loisirs. D'ailleurs il faut aux ames bourre-
« lées l'étude des sciences naturelles, comme il

« faut une boisson rafraîchissante aux corps dé-
« vorés par la fièvre. Herborise, et tu t'en trou-
« veras bien. D'illustres exemples sont là pour
« te soutenir et t'encourager : Abdalonyme et
« Denis-le-Tyran! sont-ce petits garçons à ton
« avis? Un roi qui se fait jardinier et qui s'ap-
« plaudit du changement; un jardinier qui de-
« vient roi et qui s'en montre tout fâché!....

« Fais-toi jardinier, mon ami, et ne te mêle
« plus des affaires du royaume. Laisse ce soin-là
« au Roi, qui s'y entend, et s'en occupe, comme
« tu sais. Le jardinage est ton lot, et la manière
« dont tu es gouverné ne te regarde pas. »

Ces paroles, murmurées en forme de soliloque,
furent, de point en point, reconnues vraies et
mises à profit.

Et c'est bien certainement à une aussi soudaine illumination d'en haut que la postérité devra

de posséder

LA PHYSIOLOGIE DE LA POIRE.

Divagations préliminaires.

CHAPITRE PREMIER.

.... *Hâc atque illâc*
Perfluo

Terent.

Divagations préliminaires.

Ce fut pour mon ame un jour de fête, un jour
faste, comme disaient les anciens, *dies albo no-*

tanda lapillo, que le jour où il me prit fantaisie de quitter le domaine de la politique et de me mettre à herboriser par monts et par vaux. — Advienne maintenant que pourra ; que l'avenir tourne et vire à son caprice, qu'il me soit favorable ou mauvais ; que la fortune me soit *mère ou marâtre,* pour me servir de l'expression du *Métromane ;* je n'en remonterai pas moins toujours par la pensée à cette date avec un sentiment prolongé de joie et d'attendrissement. C'est que cette date fut celle de mon affranchissement moral. Il me sembla dès-lors que le monde connu reculait devant moi ses immenses horizons. Je respirai plus à l'aise. Ma poitrine, comme débarrassée d'un poids incommode, s'éleva pour un dernier soupir, et je compris au soulagement que j'en ressentis aussitôt, qu'une existence nouvelle allait commencer pour moi.

Rien pourtant n'était encore arrêté dans ce beau

projet, que le projet lui-même ; et toutes choses
restaient à faire pour qu'il se réalisât.

Je résolus de commencer par une de ces choses.

Et d'abord , comme on m'avait assuré que le
Jardin des Plantes ou le *Jardin du Roi*, comme
on voudra l'appeler , recélait bon nombre de
végétaux et d'animaux, bon nombre de savans
professeurs et d'incomparables arbres fruitiers,
(c'était spécialement de la culture de ceux-ci que
je prétendais m'occuper), je pris un fiacre sur la
place du Palais-Royal, et je criai par la portière
au cocher qui ficelait non loin de là le foin de
ses chevaux:

«— Cocher, au Jardin-des-Plantes! »

Et tandis que la machine numérotée roulait à
grande suée d'ahan vers cette paisible et pittores-
que destination, je me mis à songer....

3

« Car que faire en un *fiacre* à moins que l'on n'y songe ? »

Et je me fis à peu près le raisonnement que voici :

« Je veux étudier la botanique.

« Or, qui m'enseignera la botanique ?

« Linnée ou Tournefort ?

« M. Desfontaines, ou M. Thüin ?

« L'un et l'autre sont des savans :

« Non pas *savans* comme on entend ce mot
« à l'Académie des sciences, où les savans savent
« si peu ;

« Non pas savans comme feu l'helléniste Gail
« dont a si fort et si long-temps médit feu notre
« ami Paul-Louis, le vigneron :   non pas savans

« comme il faut l'entendre de notre contemporain
« Raoul-Rochette, lequel a de si beaux favoris
« noirs ;

« MM. Desfontaines et Thüin sont de vrais,
« d'incontestables savans, et leurs noms, comme
« celui de *Jussieu*, sont devenus synonymes de
« *botanique* et de *jardinage*.

« Précédemment celui de Buffon était devenu
« le synonyme *d'histoire naturelle*;

« Comme, de nos jours, le nom de M. Scribe
« est devenu synonyme de *comédie-vaudeville-*
« *mêlée-de-couplets.* »

Et à ce propos, j'éprouvai qu'il y avait plaisir à
prononcer certains noms. Je vis que cela éveillait
une foule de souvenirs, que cela remuait tout un
monde de pensées; que c'était comme un coup de
fusil tiré dans l'île de Robinson, dont le bruit

3*

fait lever une multitude d'oiseaux crieurs, aux
mille voix, aux mille plumages. La *ferrea vox*
de Virgile ne suffirait pas à dénombrer toute cette
peuplade ailée qui multiplie sans cesse autour de
nous, sur un nom prononcé se classe en espèces,
se divise en tribus, se subdivise en familles et vit
contente pourvu qu'elle chante ou jargonne.
M. Scribe, par exemple! dès que vous articulez
ce nom fameux, vous avez peine à rassembler tant
de souvenirs épars et chantans qui viennent vous
assiéger à la fois : c'est l'armée perse, l'armée de
Darius ou de Xerxès, confuse, brillante, incal-
culable.—M. *Dupin!* à ce nom qui renferme en lui
toute une triplicité d'homme de palais, d'homme
d'état, et.... d'homme de lettres, puisque, tout
récemment, le plus illustre des *trois* Dupin a été
reçu académicien par M. de Jouy ; à ce nom, disons-nous, vous êtes saisi tout-à-coup d'un con-
vulsif éternuement. C'est la poussière qui vous

monte au nez, la poussière du greffe, la poussière
des banquettes de l'Institut, la poussière enfin qui
s'était attachée, durant trois jours, aux semelles de
la plus mémorable paire de souliers dont il ait été
question depuis la fameuse chaussure d'Empédo-
cle, lequel se précipita un jour, comme on sait,
dans le cratère de l'Etna, pour se faire un nom.

« *Charles-Maurice Talleyrand de Périgord!*
— N'est-il pas vrai que ce nom résume bien en soi
toute servitude honteuse et toute infernale diplo-
matie? N'est-il pas vrai qu'à ce nom vous vous
sentez saisi du même dégoût dont se sentit navrer
l'épiscopat lorsqu'il prit à deux mains ce damné
boîteux et le jeta dans la vie politique, comme on
jette quelque chose d'immonde, puis rentra dans
le calme de son attitude religieuse? Je ne sais,
mais il me semble qu'à ce nom seul, crié un peu
haut, je fais lever sous mes pas une multitude de

gibier de sacristie et d'antichambre, toute une armée de prêtraille et de valetaille; tant l'homme d'église est intimement lié dans cet homme à l'homme d'état; tant ces deux hommes se sont déshonorés mutuellement l'un l'autre : l'homme d'état faisant rougir l'homme d'église, l'homme d'église frappant d'infamie l'homme d'état; la moire de la soutane faisant honte au galon de livrée du chambellan, et *vice versâ*. Assemblage monstrueux du prêtre impie et du courtisan déloyal, du nonchalant laisser-aller de l'autel et de l'élégante impudence de la cour, de Tartuffe-l'imposteur, et de Tuffière-le-glorieux.

Lafayette ! — Voilà un nom qui rappelle à lui seul trois révolutions : celle d'Amérique, en 1775, celle de France en 89, celle de Paris en 1830; — cette dernière, bien entendu, portée ici seulement pour mémoire.

Châteaubriand ! — Un beau nom par ma foi ! un nom qui veut dire : Génie, noble désintéressement, grandeur d'ame, fidélité à toute épreuve !

Louis-Philippe.... —

Eh ! mon Dieu ! m'écriai-je, en m'interrompant tout-à-coup à ce dernier nom, si je remémorais par écrit tous les noms, nobles ou bourgeois, aristocratiques ou populaires, beaux ou laids, sales ou purs, qui veulent dire : gloire, bassesse, générosité, avarice sordide, foi, déloyauté, malice, esprit, bêtise, etc., etc.; je n'aurais jamais fini, et le manuscrit de malheur sur lequel seraient consignées tant de bizarres appellations patronymiques serait infiniment plus étendu que la fameuse liste de Leporello, laquelle pourtant est formée de deux longissimes *papyrus* sans fin, comme le papier Montgolfier d'Annonay, couverte d'écriture sur les marges et maculée même *in tergo*, comme dit Juvénal, à propos de je ne sais quel interminable manuscrit d'un Viennet de son temps appelé, je crois, *Labéon*.

Je reviens donc à mon premier dire touchant la synonymie qui me paraissait exister entre *«botanique»* et M. Desfontaines, entre *«jardinage, horticulture»* et le nom de M. Thüin.

Lequel des deux consulterai-je? le professeur ou le jardinier?

Celui qui démontre dans l'amphithéâtre ou celui qui pratique en plein air?

L'homme à la plume ou l'homme à la serpette?

L'homme en sarrau bleu ou le monsieur en habit noir?

Je me décidai capricieusement pour le monsieur en habit noir.

Cependant le fiacre allait toujours ; il allait ra-
pidement, le fiacre, et je gagerais volontiers avec
M. de Lafayette, que ses ressorts étaient plus
liants, ses cahots moins durs, ses soubresauts
moins alarmans que ne l'étaient au 5 juin dernier
les ressorts, cahots et soubresauts du fiacre triom-
phal, où la populace aux bras nus incarcéra tout
vivant l'honorable général pour le rouler bon gré
malgré de la Bastille à l'Hôtel-de-Ville.

A force de cheminer, la boîte ambulante s'arrêta
enfin et me déposa rue de Seine-St-Victor, à la porte
du Jardin des Plantes. Ce jardin, alors nouveau
pour moi, m'apparut comme un port de refuge et
de sécurité. Les murailles de la cour toutes tapis-
sées d'affiches où l'on lisait : « *Cours d'anatomie
comparée, Cours de zoologie, Cours de minéra-
logie, Cours de botanique*, me surprirent par leur
paisible nouveauté, moi qui jusqu'alors avais fa-

tigué mes yeux sur tant d'affiches politiques et littéraires étalées en mille et mille endroits sur les grands murs ennuyeux de notre glorieuse cité ; moi qui n'osais plus regarder à vingt pas devant moi, de peur de m'affliger la vue par la lecture de quelque placard officiel semblable à celui-ci : —

ORDRE DU JOUR

DU MARÉCHAL COMTE LOBAU A LA GARDE NATIONALE

PARISIENNE.

ou à celui-ci :

REVUE DU ROI,

AU CHAMP-DE-MARS, ETC.

ou bien encore à celui-ci :

PROCLAMATION AUX HABITANS

DE PARIS.

— « Habitans de Paris! etc., — les agitateurs

ont encore essayé de troubler cette belle capitale, etc. »

— Toutes choses singulièrement fastidieuses,
convenez-en, et auprès desquelles l'affiche du
Paraguay-Roux me semble un morceau de littérature fort remarquable, celle de la *Gazette du
choléra-morbus*, un badinage fort divertissant, et
celle des messageries Laffitte et Caillard, une ode
gigantesque pleine de pensées fortes et de har-
diesses hautes de vingt coudées.

Je sais bien encore, par le monde, une infinité
d'autres affiches, dont celles du Jardin des Plantes
me consolèrent comme par enchantement ; affiches inévitables, qu'on rencontre partout devant
soi comme des figures fâcheuses, et qui vous
poursuivent en tous lieux de leurs annonces perpétuelles et de leurs avis permanens : les unes lit-

téraires et périodiques, comme celles de M. Sou-
bira, le poète-prophète, qui a fait le *Messie*, et
qui partage avec M. le marquis de Chabannes
l'honneur d'avoir inventé la politique en disti-
ques et en dizains; les autres purement littéraires, comme celle-ci :

PARIS,

OU

LE LIVRE DES CENT-ET-UN.

L'ouvrage entier formera 10 *vol. in-8°, etc.*

Les autres médicales : — elles traitent presque
toutes de l'*hygiène de la bouche* ou du *choléra-
morbus....*

Les autres enfin commerciales : ce sont des
coiffeurs qui commencent leur programme
ainsi :

MERVEILLE! TRIOMPHE!!!

MORT AUX PERRUQUES!

A BAS LES TOUPETS!!

Ce sont des chapeliers qui s'écrient, avec une conviction de six pouces de haut :

C'EST UN CRIME

de confondre les castors imperméables du sieur***, avec les chapeaux de fabrique vendus par la plupart des marchands, aux prix de 12, 15, 18 francs, etc. —

Mais la nomenclature de ces affiches privilégiées, auxquelles le croc du chiffonnier n'apporte aucune déchirure, les longues pluies de saint Médard aucune altération, et dont on pourrait presque dire avec maître Clément Marot :

LA MORT N'Y MORD;

cette nomenclature, dis-je, serait trop longue à terminer, et j'ai hâte d'en revenir à la cour du Jardin des Plantes, où le lecteur m'a attendu pendant toute cette digression.

Je la traversai diagonalement, et me dirigeai vers l'amphithéâtre, comme s'il se fût agi pour moi de rencontrer M. Cuvier.

Mais M. Cuvier était mort, et M. Villemain, le rhéteur doctrinaire, avait déjà dit au savant professeur d'anatomie comparée : — « Illustre ami ! que la terre te soit légère ! »

Je n'allai donc pas voir M. Cuvier, mais M. Desfontaines.

Quand je sonnai à la porte de celui-ci, un frisson me saisit ; frisson de crainte respectueuse, au moment de soutenir l'aspect d'une célébrité contemporaine ; frisson qui me prend toujours à

l'approche d'un homme à réputation consacrée ;
soit qu'il s'appelle *Jussieu*, *Cousin* ou *Arago* ;
soit qu'il se nomme *Lafayette* ou *Châteaubriand*.

Durant le peu de temps qui s'écoula avant
qu'une vieille bonne vînt m'ouvrir, je pensai qu'il
serait honteux à moi de paraître ignorer jusqu'aux
premières notions de la science que je désirais
étudier. En conséquence, je reculai mentalement
vers le passé, et me souvins qu'un jour, — en
pleine Restauration, ma foi ! — je m'étais laissé
conduire par désœuvrement à une séance an
nuelle de la *Société linnéenne* de Paris, Hôtel-de-
Ville, salle Saint-Jean ;

Dans cette même salle où la *Société philotechni-
que* tient ses séances, où M. Clovis Michaux lit des
fragmens, où le sensible M. Bonilly récite au fur
et à mesure tous les petits contes enfantins qu'il

fait; où déclame M. Drouineau, le poète, où rou-
coule M. Cambon, le chanteur;

Dans cette même salle où le *Gymnase musical*
installe son concert périodique, où l'*Athénée musical* réunit tous les mois son orchestre d'amateurs;

Où, moi qui vous parle, j'ai fait quelquefois
ma partie de second alto;

Où les jeunes gens tirent tous les ans pour la
conscription; où moi, qui écris ceci, j'ai eu la satisfaction de tirer le n° 221!

Je cherchai à me rappeler ce qui avait été dit
dans cette mémorable séance linnéenne dont je
viens de vous parler.

Mais les incroyables efforts de mémoire que je
fis n'aboutirent à rien, si ce n'est à m'affermir de
plus en plus dans deux convictions que j'avais

déjà ; savoir, 1° — que la séance en question était présidée par le comte de Lacépède, alors très vieux ; 2° — qu'un monsieur noir avait lu un gros rapport sur la manière d'élever les *aras* et les *kakatouès*.

Ces deux souvenirs bien vérifiés par moi comme étant réellement les seuls qui me restassent alors de mes studieuses investigations sur le domaine des sciences naturelles, j'attendis patiemment que la porte du célèbre botaniste s'ouvrît à mon coup de sonnette, et je me résignai d'avance aux humiliations qui devaient résulter, pour mon amour-propre, de l'ignorance complète où je me trouvais, en ce moment, des premiers élémens de l'histoire naturelle des plantes que je venais étudier.

Je fus introduit enfin, et il me fut donné de

4

contempler M. le professeur face à face, dans
tout l'éclat de son *chez lui*.

Un bien digne et bien respectable professeur !

Quand je lui eus exposé sommairement l'objet
de ma visite, il sourit et appela pour demander du
bois :

— « C'est qu'en effet, ajouta-t-il, le temps se
fait triste depuis quelques jours. Le soleil pâlit,
la belle saison s'en va, les feuilles des arbres jau-
nissent et crient déjà sous nos pieds. Voici venir
l'automne avec son novembre aux bises glacées.
Adieu la sieste maintenant et les persiennes fer-
mées : ce n'est plus le temps des molles langueurs
et des demi-sommeils ; on se lève à présent et l'on
marche vite, car il semble qu'on ait froid. —

« Il y a déjà du feu, monsieur, dans beaucoup de cheminées. »

Disant cela, le savant professeur tisonnait assidûment dans les braises ardentes de son foyer. —

Il s'interrompit tout à coup au milieu de cette intéressante occupation, et se tournant brusquement vers la domestique restée immobile à quelques pas derrière nous :

« Les poires, s'écria-t-il ; les poires, je vous prie, et le compotier. »

La domestique obéit ponctuellement, et les poires furent apportées.

C'étaient de belles poires ! —

M. Desfontaines les prit l'une après l'autre avec grand soin et les disposa, par rangs d'espèces et de taille, sur les étages superposés du compotier.

4*

Quand cette opération fut terminée, il mit les poires au feu.

— « Ce sont des poires à cuire, me dit-il avec le plus grand sérieux : de véritables *chats-brûlés.* »

Et comme il vit que je m'étonnais de le voir s'abaisser à des soins de nature si vulgaire, il ajouta, en souriant : — « C'est encore de l'histoire naturelle. »

Et il prit délicatement, avec l'index et le pouce, une des poires qui n'avaient pas encore été mises au feu :

— « Ceci, monsieur, — et son visage prit un caractère de gravité que je ne lui avais pas encore remarqué : — c'était la gravité d'usage, l'attribut obligé du professorat ; — ceci, c'est une poire colossale, la poire de *quarante onces*; nommée

ainsi parce qu'elle pèse souvent ce poids et davantage.—*Pyrus fructu omnium maximo, turbinato,
gibboso, citrino; — ad solem vix rubescente, ad
pedunculum excavato; carne firmâ, gratè odor-
atâ, acerbâ.* — Le *pyrus* (poirier) a été classé
par Linnée (1) et par M. de Jussieu (2). C'est un
ovaire simple, inférieur, à plusieurs styles, se
changeant en un fruit charnu, ombiliqué par le
limbe du calice, et dont l'intérieur est partagé en
plusieurs loges.... »

Le savant professeur continua long-temps sur
ce ton, et je le laissai dire tant qu'il voulut, pressé
que j'étais, sans trop savoir pourquoi, de posséder la poire ou le *pyrus* latin avec tous ses détails
techniques et ses nombreux signalemens.

(1) LINN. class. XII. *Icosandrie*. Ordre IV. *Pentagynie*.

(2) JUSS. classe XIV. *Dicotylédones polypétales; étamines pé-
rygines.* — Ordre X , les *Rosacées,* § 1er.

Le chapitre suivant contient tout ce qu'il m'a été possible de recueillir à cet égard.

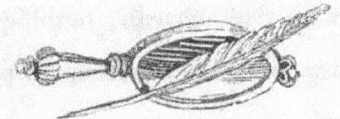

Signalement de la poire.

CHAPITRE II.

Gros , gras et bête.
(Une Révolution d'aatrefois.)

Signalement de la poire.

« ..... *Et dont l'intérieur est partagé en plusieurs loges,* » — avait dit le savant professeur;
— et il était resté muet et pensif après ce début.

Nous avons tout lieu de croire que cet inter-
valle de silence fut entièrement consacré à la plus
sérieuse des choses frivoles : au recueillement.
C'est du moins ce que m'autorisait à penser l'attitude réfléchie et tant soit peu solennelle du complaisant naturaliste, amené sur son terrain par la
volonté du hasard ou le caprice de la fatalité; attitude dont il s'enveloppa devant moi cinq minutes durant, comme du manteau d'hermine, lequel
est, comme on sait, le manteau du professorat. Il
conserva cette dignité immobile assez long-temps
pour me donner le loisir de penser ce que je viens
d'écrire ; et lorsqu'il crut le moment arrivé de
reprendre enfin la démonstration interrompue :

— « Monsieur, me dit-il, je reconnaîtrais cette
« poire entre mille !

« Je la reconnaîtrais, fût-elle cachée au plus
« touffu buisson de l'Écriture;

« Fût-elle enveloppée dans l'inextricable buis-
« son d'épines où le chevreau d'Abraham s'embar-
« rassa les cornes;

« Fût-elle appendue au buisson ardent de
« Moïse;

« A l'arbre malencontreux d'Absalon;

« A l'arbre maudit que Jésus-Christ condamna
« un jour à être coupé, puis jeté au feu. —

« Je la reconnaîtrais, fût-elle perdue dans le
« plus épais fourré de la forêt sybilline où le pieux
« Énée cherchait le rameau d'or;

« Fût-elle étouffée par les mille feuilles de l'ar-
« bre fabuleux où dorment les songes en enfer;

« Fût-elle reléguée dans le recoin le plus obscur
« du gigantesque *Tuba*, l'arbre chinois qui a dix
« lieues de tour;

« Sous la plus large feuille du grand chou-pal-
« miste où monta l'amant de Virginie;

« Sous la plus grosse branche du chêne consa-
« cré où grimpa le Petit-Poucet ;

« Fût-elle attachée à l'arbre de science du *Pa-*
« *radis* de Milton ;

« A l'arbre vert des forêts de Dodone ;

« A l'arbre sec de la Liberté ;

« Au cèdre du Liban ;

« Au parasol de la Rapée ;

« A tous les arbres les plus fameux, passés, pré-
« sens et à venir ; de tous noms, de toutes dimen-
« sions, de tous climats ;

« Je la reconnaîtrais, vous dis-je, et je la cueil-
« lerais, n'importe où, pour vous apprendre son
« nom, son étymologie, ses propriétés, ses va-
« riétés ; pour vous dire si c'est une poire fon-
« dante, une poire à couteau, une poire à boisson ;
« — pour vous enseigner la manière de la greffer,

« de la cultiver, de la faire cuire et de la manger.

« J'irais la chercher partout, même en Guinée,
« où il fait si chaud ; même en Sibérie, où il fait si
« froid ;

« Même chez les Caffres, qui mangent des hom-
« mes ; même chez les Amis du Peuple, qui man-
« gent des enfans ;

« Même chez les Patagons de la Terre-de-Feu,
« qui sont si grands ; même chez les doctrinaires et
« les avocats de la Royauté de Juillet, — qui sont
« si petits.

« J'irais la cueillir, monsieur, jusque chez don
« Miguel, jusque chez Nicolas !

« (Jugez de mon dévoûment pour la science et
« de mon goût décidé pour ce fruit !....)

« Le tout pour vous donner le signalement de
« la poire ! — Or écoutez, car voici des mots
« techniques, je vous en avertis.

« Le *calice* de la fleur qui a produit le fruit inté-
« ressant que vous voyez, était monophylle, con-
« cave, persistant, à cinq divisions ouvertes;

« Sa *corolle* était composée de cinq pétales ou
« ovales arrondis, concaves, insérés sur le calice;

« Ses *étamines* étaient au nombre de vingt, ou
« environ, à filamens subulés, ouverts et diver-
« gens;

« Son *pistil* était un ovaire inférieur, ou, pour
« mieux dire, adhérent au calice, surmonté de
« cinq styles velus ou glabres, distincts à leur base,
« terminés chacun par un stygmate simple;

« Son *péricarpe* a été une pomme glabre, tur-
« binée, communément rétrécie du côté du pé-
« doncule, marquée, au côté opposé, d'un om-
« bilic formé par le calice persistant, et divisée
« intérieurement, comme je vous l'ai dit, je crois,

« tout à l'heure, en cinq loges cartilagineuses,
« contenant chacune *deux* graines.

« Ces graines ou *semences* sont elles-mêmes car-
« tilagineuses, ovales, convexes d'un côté, planes
« de l'autre ; arrondies d'un bout, aiguës de
« l'autre ;

« Et c'est par la pointe qu'elles adhèrent aux pa-
« rois des loges. »

Ici monsieur le professeur s'arrêta une minute
pour souffler.

On eût dit, en ce moment, M. Girod de l'Ain,
lors de son mémorable coup de feu à propos de
Manuel, Larochefoucauld-Liancourt et Benjamin
Constant, patriotiques renommées qui, à défaut
de la consécration solennelle du Panthéon, obtin-
rent ce jour-là, ou le lendemain de ce jour-là,
celle, un peu moins glorieuse il est vrai, — de
l'ordre du jour motivé.

On eût dit M. le maréchal Lobau, lors de ses hydrauliques exploits devant le bronze de la Colonne;

On eût dit M. le maréchal Soult, lorsqu'il nous eut assuré, en pleine tribune, qu'il tenait fort à son traitement;

On eût dit M. Sébastiani après cette fameuse expédition *sous* les murs de Lisbonne,—ou M. Lameth après un beau discours sur la *législative* et la *constituante*.

Véritablement, monsieur le professeur faisait plaisir à voir.

Quand il eut suffisamment repris haleine, il continua ainsi :

— « Nous venons de vous donner une descrip- « tion bien succincte de la poire, monsieur; mais « gardez-vous de croire que là se borne le signale-

« ment que nous avions dessein de vous en offrir.
« Il y a mille signes extérieurs auxquels il est facile
« de la reconnaître, et parmi lesquels nous devons
« compter en première ligne la configuration même
« du fruit intéressant qui nous occupe. Considérez
« en effet, monsieur, la physionomie que voilà :

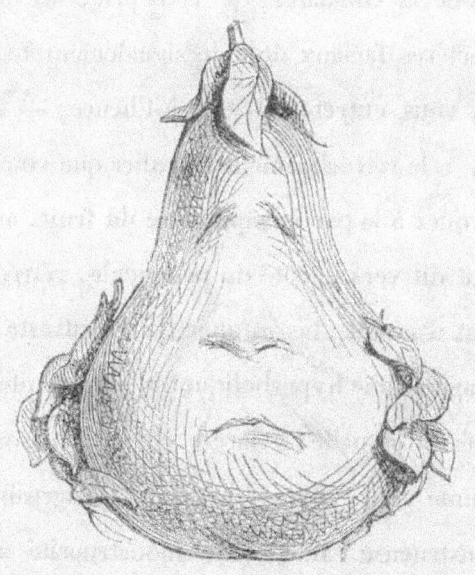

« Physionomie hétéroclite, autant qu'il nous est

« permis d'en juger avec nos faibles lumières,

« nous qui n'avons pu réussir à trouver la phy-

« sionomie de la poire dans le grand ouvrage

« de Lavàter, lequel, à la vérité, n'a pas eu la

« prévoyance de s'occuper de celle-là. — Recon-

« naissez et constatez, je vous prie, les divers

« caractères faciaux dont le signalement techni-

« que vous entretenait tout-à-l'heure; — à sa-

« voir : le rétrécissement singulier que vous re-

» marquez à la partie supérieure du fruit, autre-

» ment dit vers le côté du pédoncule; rétrécisse-

« ment d'autant plus étrange qu'il contraste avec

« l'exagération hyperbolique de l'extrémité op-

« posée, laquelle s'élargit et se boursouffle,

« comme vous voyez, de façon désagréable et

« monstrueuse. Mais cette monstruosité même

« est une beauté dans le fruit tout royal que nous

« examinons. C'est une boursoufflure, soit; mais
« quand on a, comme la poire, cinq *styles* à soi;
« cinq styles différens, c'est-à-dire un style de
« plus que César, lequel n'en avait que quatre, à
« ce que l'on dit; lorsqu'on porte ces cinq styles
« épanouis en aigrette sur son pistil, il est bien
« permis de mêler à tant de styles un peu de
« boursoufflure. C'est ce que fait la poire, et je
« ne me sens pas de force à la désapprouver en
« cela.

« Un second caractère physiognomonique de
« la poire, caractère bien spécial, qui n'appar-
« tient à nulle autre espèce de fruits turbinés,
« glabres et pendans, c'est ce calice *persistant*
« que vous lui observez lorsqu'elle est en fleur.
« Persistant : comprenez-vous ce mot? *Persis-*
« *tant*, participe présent du verbe neutre *persis-*
« *ter*.... — Je persiste, tu persistes!...

5*

« Mais je m'aperçois que j'empiète sur la spé-
« cialité de M. de Wailly.

« Quoi qu'il en soit, le calice de la poire en
« fleur est un calice essentiellement *persistant*,
« à cinq divisions ouvertes, comme qui dirait
« cinq ministères. Et je ne me sers ici de cette
« comparaison qu'afin de rendre ma démonstra-
« tion plus sensible. Les cinq divisions de la
« fleur qui deviennent plus tard les cinq loges ou
« compartimens du fruit peuvent, en effet, se
« comparer aux cinq départemens principaux qui
« procèdent de la couronne et s'en échappent à
« pans égaux comme les rayons sacrés de Moïse.
« L'un peut se comparer, sans mauvaise inten-
« tion, j'imagine, (et, quant à moi, je déclare
« que je ne mets aucune malice dans une sem-
« blable supposition;) l'un, dis-je, peut se com-
« parer au Ministère de l'intérieur; d'autant plus

« volontiers qu'il y a dans cette division, comme
« dans chacune des autres, une couple d'assez
« longs pépins à loger, et que le nez de M. d'Ar-
« gout me paraît réunir toute la capacité désirable
« à cet effet. La seconde pourrait être considérée
« comme représentant *à minimá* le Ministère des
« affaires étrangères; la troisième serait le dépar-
« tement de la guerre; la quatrième, celui des
« finances; la cinquième enfin, celui de la jus-
« tice.

« Je ne parle pas du Ministère de la marine,
« qui ne joue pas de rôle au Conseil;

« Non plus que du Ministère de l'instruction
« publique et des cultes;

« Non plus que du Ministère du commerce et
« des travaux publics;

« Tous Ministères en miniature, Ministères en

« abrégé, Ministères en raccourci, dont les titu-
« laires sont d'infiniment petits personnages en
« comparaison des cinq fonctionnaires principaux
« qui remplissent, ainsi que nous en sommes
« convenus, les cinq grandes divisions de la
« poire.

« Je ne parle pas de ces petits Ministères qui
« ressemblent à des directions générales;

« Non, monsieur; — je m'en tiens aux cinq ac-
« tes du drame monarchique, aux cinq pans de
« l'étoile souveraine, aux cinq branches du can-
« délabre royal; et je vous les montre existant
« tous cinq dans cette poire, fidèle image, vous en
« conviendrez, de notre système gouvernemen-
« tal.

« J'ai dit que le calice de la poire était *persis-*
« *tant*. Vous savez comme moi, monsieur, s'il est

« persistant. MM. Laffitte et Arago purent se con-
« vaincre aussi, eux, de cette propriété particu-
« lière de la poire, le jour où ils se rendirent, en
« députation, aux Tuileries, tandis que la grande
« cité retentissait encore au loin des mousqueta-
« des de Saint-Méry. Arrivés dans le vieux palais
« des rois de France, ils y trouvèrent un *Roi des*
« *Français* qui les régala d'une poire, comme on
« sait; d'une poire en guise de collation : poire
« bien âpre cette fois; poire verte et non plus
« poire molle comme précédemment il en avait été
« servi beaucoup par le majordome des Tuileries
« aux diplomates étrangers. — MM. Laffitte et
« Arago virent bien alors que la persistance, une
« persistance cassante et obstinée, constituait le
« caractère distinctif de la poire, même à l'état
« de fruit. Ils comprirent qu'il y a quelque chose
« au monde de plus opiniâtrément rétif que l'*im-*
« *muable volonté* de Charles X, et ils s'en retour-

« nèrent après avoir fait aux Tuileries un cours de
« botanique — à leurs dépens.

« Reste maintenant, monsieur, à vous expli-
« quer le sens réel qu'il convient d'attacher à cette
« épithète de *glabre*, appliquée au péricarpe de la
« poire, et à chacun des *styles* (au nombre de
« *cinq*), sur lesquels nous avons déjà fixé votre
« studieuse attention.

« *Glabre* signifie *pelé, lisse, sans barbe*. C'est
« l'antinome de *velu*. Et en ce sens, il ne s'appli-
« querait qu'imparfaitement au majestueux *poma-
« cée* que voici. Mais il faut entendre ce mot de
« façon beaucoup moins explicite, et dire, par
« exemple : — La poire est un fruit fort velu dans
« certaines parties où il faudrait qu'il fût glabre;
« fort glabre, au contraire, ou fort pelé dans quel-
« ques autres où il serait à souhaiter qu'il fût
« velu.

« Quant aux stigmates qui surmontent les cinq
« styles du pistil de la poire, à l'état de fleur, il
« n'y a rien là que de tout simple. On sait que le
« sort de la poire est d'être ainsi stigmatisée. Il
« n'a même pas tenu à elle jusqu'à présent que le
« nombre de ces stigmates que nous lui connais-
« sons ne fût augmenté du double et au-delà.
« C'est que la poire est fertile en ces sortes d'ex-
« croissances, et que son *pistil* étale aussi com-
« plaisamment ses stygmates qu'un limaçon mon-
« tre ses cornes.

« Je terminerai cette démonstration, monsieur,
« en établissant ici, une fois pour toutes, un fait
« qui ne saurait souffrir de contradiction, à mon
« avis, de qui que ce puisse être, pas même
« de M. Janin, qui aime tant le paradoxe. C'est
« à savoir que le genre *pyrus* (poirier) a les plus
« grands rapports avec le genre *malus*, et que les

« légères différences qui ont pu être observées
« jusqu'ici entre ces deux genres, n'ont fait qu'ac-
« créditer, parmi les naturalistes, l'opinion que
« ceux-ci s'étaient déjà faite, à bon droit, de leur
« affinité.

« Le même air de famille, quoique beaucoup
« moins frappant, au premier aspect, et bien
« moins constaté que celui de *malus* avec *pyrus*,
« réunit cependant ce dernier genre à ceux qu'on
« est convenu d'appeler *sorbus*, *cratægus*, *mes-*
« *pilus*. »

« Pardon, monsieur, de tous ces noms en
« *us*. »

M. Desfontaines s'assit en prononçant ces derniers mots, et posa délicatement sur sa cheminée
la merveilleuse poire dont il n'avait eu garde de
se dessaisir jusqu'à ce moment où un soupir de

dilatation élancé de la poitrine du savant professeur, vint m'avertir que la leçon de botanique
était finie.

Étymologie. Énumération.

CHAPITRE III.

...... Mille être !
(D. Giovani.)

Etymologie. — Enumération.

« Hélas ! pourtant, » m'écriai-je douloureuse-
ment, quand le savant M. Desfontaines eut cessé

de parler, — « Hélas ! pourtant, il faut bien l'a-
« vouer : la démonstration qui précède en dit trop
« ou trop peu. Trop, si l'on admet que le profane
« auquel elle s'adresse est dépourvu de toutes no-
« tions sur les premiers rudimens de l'histoire
« naturelle du poirier ; — trop peu si l'on accorde
« que l'élève est déjà initié à ces mystères pri-
« mordiaux. Or ce dernier cas est le mien. Je me
« tiens pour suffisamment instruit, quant à pré-
« sent, de la configuration et du signalement
« extérieur de la poire. Mais sa physionomie
« intime, mais son caractère individuel, mais
« ses qualités privées, mais le dénombrement de
« sa famille (rare et curieuse collection); mais l'é-
« tymologie de son nom enfin !.... — Tout cela
« reste à connaître, à étudier. M. le professeur
« a méchamment fait omission de tout cela.

« Oh ! monsieur le professeur, vous faites

« passer votre bénévole auditeur par de cruelles
« étamines.

« Vous lui présentez le calice de science, et
« puis vous le lui retirez, comme s'il s'agissait
« d'une Charte octroyée, d'une Charte-vérité,
« d'un programme, d'une parole d'honneur avec
« poignée de main, ou de quelque autre chose de
« semblable.

« Oh! monsieur le professeur, c'est bien mal à
« vous! »

Ce qu'oyant, le docte professeur me donna
l'étymologie de la poire ainsi qu'il suit :

— « *Poirier*, en latin *pyrus* : dérivé du grec
« — Ηυρ, Ηυρος — *flamme*, *feu*, quelque chose
« d'incandescent et de flamboyant ;

« A cause de la ressemblance frappante qui
« existe entre une belle flamme et une belle poire :

6

« ces deux objets, tangibles ou non, se termi-
« nant en pointe.

« Il y a des étymologies beaucoup moins rai-
« sonnables que celle-là.

« Quoique beaucoup de choses ici-bas, me
« direz-vous, se terminent en pointe!...

« Cela est possible;

« Cela est vrai.

« Nous avons des pointus politiques et des
« pointus littéraires;

« Nous avons des mîtres d'évêques et des cla-
« ques d'académiciens;

« Nous avons le professeur Garaudé, l'acteur
« Provost, le chanteur Pellegrini, le violoniste
« Paganini, le ministre d'Argout;

« Nous avons le bonnet de coton du Roi d'Y-
« vetot et son parapluie ;

« Nous avons les épées des sergens-de-ville et
« les larmes blanches des pompes funèbres ;

« Nous avons le sabre de l'État-de-siége et la
« canule de l'Ordre-public ;

« Tout cela finit en pointe.

« Tout !... jusqu'aux Grandes Semaines, qui
« finissent chez nous en queue de poisson : —

.... *Desinit in piscem mulier formosa superné !*

« Mais l'étymologie de la poire n'en est pas
« moins très-satisfaisante, telle que nous la pos-
« sédons. C'est une étymologie comme une autre,
« après tout, et qu'il faut accepter faute de mieux
6*

« ou crainte de pis : comme on accepte dix pour
« cent après une faillite, une limace après une
« carpe (1), un roi bourgeois après une révolu-
« tion.

« Tant il y a, au surplus, que l'étymologie en
« question a pour elle la consécration du temps,
« et que nos éplucheurs de vieux mots n'y ont
« vu jusqu'à présent que du *feu*.

« Passons.

« La science du Bon-Jardinier compte plusieurs
« familles de poires, qui se subdivisent chacune
« en variétés à l'infini.

« Nous ne citerons ici que les principales.

« Et comme, à ne citer même que les principa-
« les, nous remplirons vraisemblablement plus

(1) *Voyez* la fable du *Héron* dans Lafontaine.

« d'une fois la page et le revers du grand mémo-
« rial de votre intelligence, faites, monsieur,
« comme si vous écoutiez quelque rapport acadé-
« mique sur les prix de vertu ; comme si vous li-
« siez quelque chapitre isolé de la *Peau de cha-*
« *grin* ou de *Deburau* ; comme si vous subissiez
« quelque discours du trône, où il est niaisement
« ou impudemment assuré que la nationalité po-
« lonaise *ne périra jamais* :

..... *Verba et voces, pratereaque nihil!*

« Faites enfin comme si vous écoutiez tomber
« la pluie, battre le rappel ou hurler l'émeute
« sous vos fenêtres : — n'écoutez guère ou n'é-
« coutez pas.

« Voici d'abord le poirier à feuilles de saule —
« (*salicifolia*), — lequel fleurit en mars et en
« avril ;

« Puis le poirier du Mont-Sinaï ;

« Puis le poirier de Perse — (*Persica*);

« Puis le poirier de Pollviller — (*Pollveria*);

« Puis le poirier des Neiges — (*Nivalis*).

« Après quoi viennent les poiriers

« *Communis*, *sylvestris* et *sativa*;

« Puis enfin, après ceux-ci, les *variétés* propre-
« ment dites, lesquelles sont à perte de vue,
« comme les promesses de Juillet, les poignées
« de main de Louis-Philippe et les protocoles de
« Londres.

« Or, ça ! lâchons la bride aux litanies ; et puis-
« siez-vous m'assister en ce labeur d'un nouveau
« genre pour moi, ô drôlatiques gémeaux de la
« Nomenclature et de l'Énumération, François
« Rabelais et Charles Nodier ! »

Cette invocation achevée, M. Desfontaines écarta gravement les cinq doigts de sa main gauche, dont il éleva la paume à la hauteur de ses yeux; puis, de l'*index* de sa main droite, il dénombra ainsi qu'il suit, tout haut, en parcourant l'échelle assez bornée de son digitaire précordial, accommodé en espalier, depuis le *pouce* jusqu'à l'*auricularis*.

§ Ier. — POIRES A COUTEAU.

Poire Amiré-Joannet.

— Petit muscat.

— Sept-en-Gueule. (Voir ci-après, chap. VII, *du Sept-en-gueule et de la poire-avocat.*)

— A la Reine.

— D'Ambre, ou Ambrette.

— Muscat fleuri. — Cette poire mûrit vers la fin de juillet.

— Anrate , (*Aurata*, — dorée.)

— Jargonelle.

— Madeleine.

— Citron des Carmes.

— Cuisse-Madame. (Voyez *Culotte-de-Suisses* et le chapitre IX intitulé : *De la poire considérée sous son point de vue aphrodisiaque.*)

— Grosse-Blanquette.

— Blanquette à longue-queue.

— A la perle.

— D'Épargne. (Voyez ci-après, chapitre IV, *Sainte-Lésine et Martin-sec.*)

— Roi-Louis. ⎫
          ⎬ Ces deux poires nous sont venues en juillet, comme on
— Roi-d'été. ⎭ saît.

— Beau-présent.

— Saint-Samson.

— A deux yeux.

— Grosse Cremesine.

— Rousselet.

— de Chypre.

— Perdreau.

— Rousselet de Rheims.

— Gros Rousselet.

— Ognonet.

— Archiduc d'été.

— Amiré roux.

— Muscadelle.

— Parfum d'août.

— Poire d'Ange.

— Bourdon musqué.

— Gros Hastiveau de la forêt.

— Fin-or d'été. (Voyez *Fin-or de septembre, Aurate, Roi-Louis, Roi-d'été, Lésine, Epargne et Martin-sec.*)

— Sans peau.

— Fleur de guignes.

— Suprême.

— Bellissime d'été.

— Sanguinole.

Le goût de cette poire est peu relevé et assez insipide. Elle mûrit vers le 7 août. — C'est un fruit assez curieux à cause de la couleur rougeaude de sa chair; mais rien de plus. — Mauvaise poire au total.

— Sanguine d'Italie.

On ne sait s'il existe une *sanguine* de Pologne. En tout cas, ce doit être la plus rouge.

— Poire-figue.

— Grande et petite épine d'été. — *Mala spina*, mauvaise épine, et qu'il ferait bon avoir hors du pied.

— Fondante-musquée.

— Sapin.

— A deux têtes.

Celle-ci n'est point rare. On la trouve facilement, ainsi que la poire à six et huit têtes : le tout dans un même bonnet.

— Saint-Germain d'été.

— Belle d'été.

— Petite cassolette.

— Grande cassolette.

— Friolet.

— Muscat vert.

— Lèchefriand.

— Salviati.

— Salviati de provence.

— Robine.

— Royale d'été.

— Grise-bonne.

— Chair-à-dame ou chère-à-dame.

— Poire d'œuf.

— Bezi d'Hery.

— de Bassin.

— d'Ah! mon Dieu! (Voyez plus loin, chap. VI.)

— des Chartreux.

— d'Épine rose.

— de Rose.

— Turque. (Voyez *Bon-chrétien-turc.*)

— Orange rouge.

— Orange musquée.

— Frangipane.

— Beurré gris.

— Beurré blanc.

— De Doyenné.

— St-Michel.

— Bonne Ente.

— Doyenné roux.

— Bezi de Montigny.

— D'Angleterre.

— Beurré d'Angleterre.

— Beurré romain.

— Verte-longue.

— Sucré-vert.

— Mouille-bouche.

— Culotte-de-Suisse. (Voyez *Cuisse-Madame*.)

— Verte-longue-panachée ou snisse.

— Poire de vigne.

— Demoiselle.

— Orange tulipée.

— Aux mouches.

— Bergamotte d'été.

— Milan de la Beuvrière.

— Bon-chrétien d'été.

— Gracioli.

— Musquée.

— Solitaire.

— Mansuette.

— Bellissime d'automne.

— Vermillon.

— De Ronville.

— Martin-Sire.

— Fin-or de septembre.

— Cassante de Brest.

— Fondante de Brest.

— Inconnue-Cheneau.

— Amirale. (Voy. ch. VII ci-après : *Du Sept-en-gueule*, etc.)

— De Ste-Lésine (Voy. chap. IV : *Des poires d'Epargne, Ste-Lésine et Martin-sec.*)

— De St-Germain.

— Inconnue-la-Fare.

— Louise-bonne.

— Téton-de-Vénus.

— Calebasse. (Voy. *Cuisse-Madame* et *Culotte-de-Suisse*, et le chap. IX intitulé : *De la poire considérée sous son point de vue aphrodisiaque.*)

— De Jalousie.

— de Provence.

— Donville.

— De St-François.

— Bergamotte rouge.

— Bergamotte d'automne.

— Bergamotte suisse.

— Bergamotte cadette.

— De cadet.

— De Naples.

— Bezi-de-la-Motte.

— Crazanne.

— Bergamotte-Crazanne.

— Panachée.

— Bergamotte-Sylvange.

— Marquise.

— Royale d'hiver.

— Muscat l'Allemand.

— Messire-Jean doré.

— De Saintonge.

— Bergamotte précoce.

— St-Laurent.

— Muscat rouge.

— Bergamotte d'Angleterre.

— De Hampden. — On peut considérer cette poire comme le symbole végétal du refus d'impôt.

— Vallée-Franche.

— De pendant.

— Cas-pendu. — Oh! la malplaisante et stygienne poire!

— Chat-brûlé. — Passable en compotes.

7

— Rousseline.

— De Mauni.

— Vermillon d'été.

— Grosse alongée.

— Chaumontel.

— Beurré d'hiver.

— Martin-Sire.

— Beurré d'Ardempont.

— Martin-sec. (Voy. chap. IV : *Des poires d'Epargne, de Ste-Lésine et de Martin-sec.*)

— Louison.

Cette poire a quelque affinité avec la *Belle-de-Bruxelles*, dont il est parlé plus bas.

— Bon-chrétien d'Espagne.

— Poire Cardinale.

— Passans, — ou de Portugal.

— Cramoisie.

— Belle-de-Bruxelles.

> Sa chair est blanche, fine et ferme. —
> Elle est mûre en octobre : l'arbre
> est vigoureux.

— De Colmar.

— Passe-Colmar.

— Virgouleuse. — De *Virgoulé*, village près
de Saint-Léonard (Haute-Vienne).

— Rougeaude. (Voy. *Sanguinole*.)

— De Vitrier.

— Grosse-poire-de-Vitrier.

— De Jardin.

— Tarquin.

— Orange d'hiver.

7*

— Franc-Réal.

— Poire Bequesne.

— Merveille d'hiver.

— Echassery.

— Bezi de Caissoy.

— Roussette d'Anjou.

— Double-fleur.

— Poire de prêtre.

— Poire à gober.

— De cuisine.

— De Payency ou de Périgord.

— De César.

— Poire-pomme.

— Bergamotte de Soulers.

— Angélique de Bordeaux.

— De Rome.

— Poire-tonneau.

— Poire Chaptal.

— De Catillac.

— De Rateau.

— Gillogille. (Voy. chap. IV : *Lésine, Epargne et Martin-sec.*)

— Bellissime d'hiver.

— Poire du St-Père. — Il en vient de fort grosses à Ancône.

— Bergamotte de Hollande.

Du mélange de cette poire avec la *Belle-de-Bruxelles*, il résulte infailliblement une compote.

— Amoselle.

— Bergamotte d'Alençon.

— Bergamotte de Pâques ou d'hiver..... — Au diable la Bergamotte !

— Pastorale.

— Musette d'automne.

— St-Augustin.

— Dauphine.

— Duchesse d'Angoulême.

— Satin.

— Lansac.

— Champ-riche d'Italie.

— Trouvé.

— Impériale.

— A feuilles de chêne. — L'espèce en est perdue il y a long-temps.

— De Livre.

— D'Amour.

— De Quarante onces.

— Belle-Audibert.

> L'extrait baptistaire de cette poire est
> antérieur à la création du journal
> *la Caricature*, où il est tant parlé
> de poires.

— Belle-besse.

— Bon-chrétien d'Auch.

— Bon-chrétien turc. (Voy. chap. IV : *Epargne, Lésine et Martin-sec.*)

— Bon-chrétien d'hiver.

— D'Angleterre d'hiver.

— Sarrasin.

§ II. — POIRES A CIDRE.

Poire d'Angoisse. (Voy. ci-après chap. VI : *De la poire d'angoisse et de la poire d'ah! mon Dieu!*)

— Grosse-grise.

— Blanc-collet.

— Bedou.

— De Bernay.

— Billon.

— De Bisson.

— Binetot.

— Bon-son.

— De Branche.

— Carisi blanc et Carisi rouge.

— De Chemin.

— De Fer.

— Fourmi.

— De Gnoncy.

— Gréal.

— Grippe.

— Gros-Mesnil.

— Gros-vert.

— Hectot.

— Lantricotin.

— De Maillot.

— De Marc.

— De Mier.

— Moque-friand, blanc et rouge.

— Musquette.

— Paronnet.

— Plessis.

— Raguenet.

— Rochonnière.

— Rouge-Vigny.

— De Roux.

— Sabot.

— Sauvagel.

— Trochet.

— De Valmont.

Cette dernière poire cultivée spécialement dans le pays du Bocage.

« En tout 248 variétés de poires!

« Les Députés de la fameuse adresse n'étaient
« que 221. »

De la poire de Ste-Lésine,

DE LA POIRE D'ÉPARGNE

ET DU MARTIN-SEC.

CHAPITRE IV.

Monsieur, puisque vous le voulez, je vous
dirai franchement qu'on se moque partout de vous, qu'on nous jette de tous
côtés cent brocards à votre sujet, et que
l'on n'est point plus ravi que de vous
tenir au cul et aux chausses, et de faire
sans cesse des contes de votre lésine,...
Vous êtes la fable et la risée de tout le
monde; et jamais on ne parle de vous
que sous les noms d'avare, de ladre, de
vilain, et de fesse-Mathieu.

(MOLIÈRE; l'*Avare*, act. III, sc. V.)

De la poire de Sainte-Lésine, de la poire d'Épargne et du Martin-sec.

Lorsque l'interminable nomenclature fut finie et que le docte professeur eut cessé de parler, je me levai résolument, bien décidé, cette fois, à prendre congé.

Rien ne s'opposant plus à mon départ, je saluai et je sortis.

Lorsque je fus dehors, il s'opéra dans mes idées une étrange confusion. La parole de science bourdonnait encore à mes oreilles, et les termes techniques dont s'était servi l'illustre botaniste me revenaient en foule à la mémoire comme autant de petits monstres microscopiques, imperceptibles à l'œil, verdâtres, — assez semblables à des académiciens. — L'étymologie, entre autres choses, l'étymologie que m'avait donnée le savant démonstrateur, me tourmenta singulièrement pendant quelques minutes, et je ne saurais m'expliquer comment il se fit que je cherchai à substituer au mot grec Πυρ, le mot celtique *peren*, qu'il me paraissait plus raisonnable de donner pour ori-

gine au mot latin *pyrus*, d'où est venu, comme
on sait, le mot français *poirier*.

Lorsque je me crus suffisamment fixé sur cette
nouvelle dérivation, je me remémorai les noms
qui m'avaient le plus frappé dans cette longue
série de noms fruitiers, et, tout d'abord, trois
noms de poires se représentèrent énergiquement
à mon esprit :

C'étaient *Sainte-Lésine, Épargne* et *Martin-sec.*

Trois poires qui n'en font qu'une! — L'image
de la Sainte-Trinité, sauf les pépins!

Et, à ce propos, je fis une longue revue men-
tale des mémorables exemples de lésine que l'histoire nous a conservés, depuis le sage Socrate qui
disait tout haut devant ses disciples : — « Si j'avais
« de l'argent, je me ferais faire un manteau; »
— afin que ses disciples lui achetassent un manteau; — jusqu'à cet autre sage en chapeau gris,

(c'était avant le 14 juillet 1831, le chapeau gris n'était pas encore séditieux) jusqu'à cet autre sage en chapeau gris, dis-je, qui, se promenant un jour aux environs de Neuilly, suivi de plusieurs domestiques, se baissa modestement pour ramasser dans la boue du chemin une luisante pièce de cinq francs, à l'effigie de Louis-Philippe Ier, qui étincelait au soleil à quelques pas devant lui.

Oh! m'écriai-je alors, Lésine, ma mie! Lésine à la peau tannée, à la queue longue, à la chair âpre, au jus aigre, au cœur pierreux, à la tête dure, aux abords cassans; — Lésine qui pousses vite, Lésine qui montes haut, Lésine qui viens à bien; Lésine qu'on greffe sur Épargne, Épargne qu'on greffe sur Martin-sec! oh! mirifiques poires dont Euclion(1) ferait des compotes et Harpagon

(1) L'avare de Plaute. — (*Aulularia*.)

du raisiné! poires qui vous élevez au-dessus des
autres poires,

« Sicut *lenta solent inter viburna cupressi!* »

que vous me rappelez de drôlatiques souvenirs!
que vous m'apparaissez avec des dehors tout
royaux, avec des physionomies toutes augustes!
que vous passez majestueusement dans mes rêves,
ô magnifique Triumpoirat, dont la renommée fait
tant de bruit, et qui semblez, du haut sommet où
vous ont placé les hiérarchistes, commander à
tous et sur tous, comme autrefois, dans leurs do-
maines respectifs, M. de Crac et le roi d'Yvetot!
non, certes : il n'est pas d'homme au monde qui
professe plus d'éloignement que moi pour les dé-
marcations nobiliaires et les priviléges armoriés.
En cela même, il faut bien l'avouer, je pousse
le bouzingotisme au-delà des limites connues, et

8

je m'attache à mériter, par le civisme éclairé de
mes opinions, la première place de ministre de la
police, ou de censeur, ou de procureur-général, ou
de consul à vie qui viendra à vaquer lors de l'éta-
blissement de la République et de l'intronisation
de Monsieur Lafayette, ce brave et digne futur président des États-Unis européens! J'ai de telles idées
en politique, et ce sont toutes maximes de con-
duite que je mets en usage où et quand je puis.
— Toutefois, et malgré mon antipathie bien pro-
noncée pour les distinctions et les préséances, il
me serait impossible, — ô famille auguste des poires
princières et ducales! — de faire passer quelque autre poire avant vous; quelque autre panégyrique
avant le vôtre; quelque autre prospectus admiratif
avant celui que j'ai composé l'autre jour en votre
honneur. Je sens que toute priorité vous est due
en ceci, triplicité royale! et je commence, de
droit, par vous.

Et certes il faudrait qu'un historien fût bien dif
ficile, bien dégoûté, bien dédaigneux, bien fat,
pour trouver la matière peu riche à l'investigation ;
il faudrait qu'il fût bien oublieux pour passer outre à ce chapitre de lésine, qui trouve si naturellement sa place ici ! Molière assurément n'avait pas
si beau jeu avec Harpagon que nous avec la poire
miraculeuse dont il s'agit : nous disons *miraculeuse*, car c'est un vrai miracle, avouez-le, qu'une
poire qui résume aussi parfaitement en elle tant de
damnables et turpides qualités. Résolument, nous
nous attacherons donc à la poire de Lésine — ou
d'Épargne, comme on voudra, — de toute l'opi-
niâtre tenacité que comporte notre caractère, ha-
bituellement doux, et nous mettons au défi qui
que ce soit de trouver parmi les insectes rongeurs
qui dévorent le poirier, parmi les larves gloutons
de l'attélabe bleu, et les chenilles voraces des Hépia-
les ; parmi les pucerons, les pyrales, les alucites,

8*

les tipules, les tigres, les bombyces, les noctuel-
les, les tenthrèdes, les acanthies et les charençons ;
nous mettons au défi qui que ce soit, disons-nous,
de trouver parmi ces honorables petits reptiles qui
vivent sur la poire comme autant de fonctionnaires publics sur un budget, aucune persistance de
conviction semblable à la nôtre, aucun zèle de
longanime et vertueux appétit qui puisse entrer
en balance avec celui qui nous stimule en ce moment.

Or il nous revient à l'esprit que dans l'horrifi-
que nomenclature étalée plus haut, nous avons
mentionné la poire dite : — « *Roi-Louis*, » — comme
une des poires prédestinées qui mûrissent vers la
fin de juillet ou au commencement d'août. Beaucoup de poires sont dans ce cas, et si nous ne
traitions pas ici spécialement de la poire d'Épargne, nous citerions avec quelques détails la poire

dite *Grande Poule-d'eau*, qui nous est venue, comme on sait, l'autre année en août ou septembre. — Ce dernier mois est celui de la naissance de M. Ganneron, lequel fait des chandelles et des lois (1).

Qu'il nous suffise de constater ici comme un fait avéré d'histoire naturelle l'intime parenté qui rapproche en une seule et grande famille les poires d'*Épargne*, de *Lésine* et de *Martin-sec*, avec les diverses variétés augustules ou septembriennes dont voici les noms :

— Roy-Lovys ou Roi-Louis.

— Martin-sire.

(1) Qu'il nous soit permis, à ce propos, de faire remarquer que la plupart des personnes qui naissent durant le mois du *Sagittaire* manifestent de bonne heure les plus heureuses dispositions à faire des chandelles. Cette remarque nous a été suggérée par le simple rapprochement de la vocation décidée de M. Ganneron et du séjour qu'a fait à Marseille un auguste personnage pendant la saison des bains.

— Bon-chrétien turc.

Toutes ces poires se ressemblent à faire peur ;
— et le *Roi-Louis* surtout me paraît avoir beaucoup d'affinité avec les trois genres ci-dessus :
Epargne, Lésine et Martin-sec, malgré ce qu'en a
dit Duhamel.

Il y a eu différentes espèces de *Rois-Louis* en
France. Nous n'entendons parler ici que de la
plus récente, laquelle participe de la *Royale* un
peu, du *Messire-Jean doré* beaucoup, du *Gillogille* et de la *Jargonelle* extrêmement.

Nous parlerons pour l'instant du *Roi-Louis*,
s'il vous plait.

Le Roi-Louis fut importé en France en l'an de
grace 830. — C'était dès lors un gros fruit, large,
bouffi et disgracieux, comme vous le voyez. Déjà
il avait produit à l'étranger de la graine en abon-

dance, et, quoiqu'on ne fût pas sûr que la graine convînt à notre sol, l'espèce en fut achetée chez nous fort cher : 500,000 *Parisis* (quatorze millions, je crois), c'était plus cher que la tulipe qui, au dix-huitème siècle, fut vendue en Hollande 2,500 florins, plus de 5,000 livres de notre monnaie, dit le chevalier Jaucourt, dans son article Tulipe de l'*Encyclopédie*.

Le Roi-Louis devint fort abondant, ou, pour mieux dire, fort commun : ce qui n'étonna personne, excepté toutefois les adjudicataires de la poire en question, lesquels regrettèrent d'abord quelque peu d'avoir dépensé tant d'argent pour une telle acquisition.

Et puis, c'est que l'adjudication de cette poire n'avait pas eu lieu aux enchères publiques. En suivant ce dernier mode on eût craint avec raison de ne pas trouver d'amateurs.

On avait consommé l'adjudication à huis clos;
le marché s'était fait dans un coin, sans formalités
aucunes, sans bougies allumées, sans foule as-
semblée et sans commissaires priseurs. Les commissaires priseurs et le peuple n'existaient sans
doute pas alors.

Cette affaire terminée au grand contentement
de quelques poirivores, le Roi-Louis s'était gâté
aussitôt :

Il s'était moisi, amolli, gangrené;

Il n'était pas venu meilleur que la sordide
poire d'Épargne, que l'ignoble Lésine, que le
honteux Martin-sec.

Quand ils virent que cette *poire* n'avait plus
le suc qu'on leur avait promis, les adjudicataires

comprirent bien, mais un peu tard, qu'ils avaient fait un marché de dupes.

Et remontant à la métempsycose des Égyptiens, qui voyaient autrefois leurs dieux, leurs parens et leurs amis dans les fruits et les légumes de leurs potagers; ils se persuadèrent que le Roi-Louis était en effet un Roi tout de bon, un Roi couronné, portant sceptre et main de justice : — un Roi comme il s'en fabrique tous les jours pour occuper les trônes vacans, et dont tout le faible consistait seulement en une excessive parcimonie et une économie hors de proportion.

Dans cette persuasion, ils prêtèrent au Roi-Louis mille petits travers que ne pouvait avoir bien certainement cette pauvre poire, inanimée, innocente et toute molle qu'elle était. Ils se figurèrent que le Roi-Louis était, comme *Charlemagne*, un monarque crasseux, près-regardant,

gratte-deniers, grippe-sous, fendeur d'allumettes
en quatre, rogneur de portions, empileur d'é-
cus, vilain, chiche et prêteur sur nantissement.
Ils poussèrent l'illusion jusqu'à l'entendre se plaindre de la dureté des temps, et que ses enfans lui
coûtaient gros, et que le plâtre était fort cher, et
que la Royauté ne rendait pas tout ce qu'elle coû-
tait, et qu'enfin il ne se souciait plus d'attacher ses
chiens avec des saucisses. — Ils l'entendirent successivement articuler tous ces griefs; puis ils le
virent opérer dans sa maison des réformes et des
réductions considérables; aller, venir, supprimer
les pensions et les gratifications; fermer les armoi-
res, mettre les trousseaux de clés dans sa poche;
monter dans les greniers, descendre dans les ca-
ves, fureter partout, retrancher sur tout. Ils le
virent rayer de sa main avec indignation, sur
l'état des boutiques qu'il louait, les noms des
locataires qui payaient mal ou qui ne payaient

pas : ils l'entendirent s'écrier avec componction, chaque soir, en se couchant :

« *Dieu soit loué ! — mes boutiques aussi !* »

Ils le virent tirer parti de mille choses, trafiquer d'un chou, spéculer sur un oignon(1). Ils le virent une fois refuser quelques livres de glace à je ne sais plus quel hôpital de pestiférés avoisinant un de ses palais royaux. Ils le virent, le même jour, cirer ses bottes et faire *un point* à son pourpoint. Le soir, il prit ses galoches, son parapluie, et sortit parce qu'il jugea que le temps s'était mis au beau...

Cette illusion à propos de poire, était, comme vous voyez, chose tout à fait extravagante et déplacée, et digne tout au plus de prendre naissance dans le cerveau d'un lunatique ou d'un lanternois.

(1) MONTESQUIEU fait remarquer que *Charlemagne* faisait vendre jusqu'aux herbes de ses jardins.

C'est pourquoi je vous engage fermement à ne
pas vous y arrêter plus long-temps que je ne
l'ai fait moi-même, et à tourner ici le feuillet,
— car le chapitre quatrième de ce livre est ter-
miné.

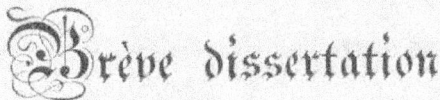

Brève dissertation

SUR

LE BON-CHRÉTIEN, LA POIRE TAPÉE

ET LA POIRE MOLLE.

CHAPITRE V.

LA COMTESSE D'ESCARBAGNAS.

Tenez, c'est un billet de M. Tibaudier, qui m'envoie des poires.

LE VICOMTE *lisant.*

« Madame, — ... les poires ne sont pas en-
« core bien mûres ; mais elles en cadrent
« mieux avec la dureté de votre ame, qui, par
« ses continuels dédains, ne me promet pas
« poires molles, — Trouvez bon, madame, que
« sans m'engager dans une énumération de vos
« perfections et charmes, qui me jetterait
« dans un progrès à l'infini, je conclue ce
« mot en vous faisant considérer que je suis
« d'un aussi franc chrétien que les poires
« que je vous envoie, puisque je rends le bien
« pour le mal ; c'est-à-dire, madame, pour
« m'expliquer plus intelligiblement, puisque
« je vous présente des poires de Bon-Chrétien
« pour des poires d'Angoisse que vos cruau-
« tés me font avaler tous les jours.

« TIBAUDIER,
« Votre esclave indigne. »

(MOLIÈRE, *la Comtesse d'Escarbagnas*, SC. XV.)

BRÈVE DISSERTATION

Sur le bon-chrétien, la poire tapée et la poire molle.

Lorsque Jean-Baptiste Poquelin, sieur de Molière, auteur de *Tartuffe* et valet-de-chambre du

grand Roi, dictait ainsi le billet que devaient signer
l'amour et la finance personnifiés tous deux en
M. Tibaudier, le *receveur*, nul doute, à mon avis,
qu'il ne se souvint, au moins confusément, du
passage suivant, colligé, comme dirait M. de
Balzac, ès Pantagruélisations de maître Alcofri-
bas, l'immortel abstracteur de quinte essence.

.... « En fin de table, Homenaz nous donna
« grand nombre de grosses et belles poires, di-
« sant, tenez, amys : — Poires sont singulières,
« lesquelles ailleurs ne trouverez. Non toute terre
« porte tout. Indie seule porte le noir ébène. En
« Sabée provient le bon encens. En l'île de Lem-
« nos la terre sphragitide. En cette île seule nais-
« sent ces belles poires. Faites-en, si bon vous
« semble, pépinières en vos pays. — Comment,
« demande Pentagruel, les nommez-vous? Elles
« me semblent très-bonnes, et de bonne eau. Si

« on les cuisait en casserons par quartiers, avec-
« ques ung peu de vin et de sucre, je pense que
« serait viande très salubre tant ès malades comme
« ès sains. — Non aultrement, respondit Home-
« naz. Nous sommes simples gens puisqu'il plaît
« à Dieu ; et appelons les figues, figues ; les pru-
« nes, prunes ; et les poires, poires. — Vraye-
« ment, dist Pantagruel, quand je seray en mon
« mesnaige (ce sera, si Dieu plaist, bientoust),
« j'en affieray et enteray en mon jardin de Tou-
« raine sus la rive de Loire, et seront dictes :
« *poires de bon christian*. Car oncques ne vids
« christians meilleurs que sont ces bons papi-
« manes. »

Il résulte évidemment de toute cette prose guil-
metée que le bon-chrétien est une poire on ne
peut plus célèbre, et qu'il y aurait ingratitude
réelle à nier l'influence toute directe et bénigne

9

qu'elle exerce depuis longues années sur les progrès de notre civilisation, comme dit le *Constitutionnel* à la fin de tous ses *premiers-Paris*.

Que si vous vouliez remonter à des témoignages plus respectables encore, en ce qu'ils sont plus anciens, je vous signalerais Virgile qui a parlé du *bon-chrétien* sous le nom, assez déguisé il est vrai, de *volemum*, en même temps qu'il a touché quelques mots de la poire de Syrie et du *Crustumium*, lequel n'est autre chose que la poire *à perle* dont il est fait mention dans la nomenclature étalée plus haut. Je m'empresserais également de vous citer le vieil Homère, « le prince des poètes, » comme on dit en rhétorique, et qui désigne incontestablement le poirier bon-chrétien sous le nom d'ὄχνη, parmi les arbres qui ornaient le verger d'Alcinoüs. Je vous dirais aussi que les Grecs appelaient Ἄπιος le poirier cultivé;... je vous di-

rais mille autres choses de cette importance qu'il
vous agréerait fort, j'en suis sûr, de recueillir jusqu'au bout. Mais outre qu'il me coûterait toujours
quelque peu de me mettre ainsi en campagne pour
reconstruire pièce à pièce l'arbre généalogique
aux branches duquel pend la poire de bon-chrétien, comme la harpe du psalmiste aux saules de
l'Euphrate, je vous avouerai ingénuement qu'il
me serait extrêmement pénible de voir ce livre
transformé en poudreux armorial ou Rosier d'ori-
gines, et de m'entendre dire que ce chapitre est
une contre-épreuve de la thèse de Thomas Diafoi-
rus ou du sophistique docteur Abopacataxo, le
grand logarithmier du *Roi de Bohême*. En consi-
dération de tous ces motifs, plus concluans les
uns que les autres, je m'abstiendrai scrupuleuse-
ment de toute digression philologique, et je des-
cendrai vulgairement au niveau du sujet que je
me suis imposé tout-à-l'heure en commençant :

9*

c'est à savoir du *bon-chrétien*, de la *poire tapée*
et de la *poire molle*.

Rien n'est mou quelquefois comme un bon-
chrétien, et c'est chose toute simple : — on
peut être une poire de belle apparence, une
poire dorée, une poire suprême; on peut être
un messire-Jean ou un Martin-sire, comme
vous voudrez l'appeler, et avoir le cœur pourri.
Cela se voit tous les jours. Que résulte-t-il de
ce vice intérieur? Rien, sinon que la poire est
blette, et que les enfans se barbouillent le visage
en la mordant par le *juste-milieu*. Au rebours de
ceci, je sais telles gens, la plupart étrangers, Rus-
ses, Autrichiens, Polonais, Italiens, etc., qui se
feraient un jeu, en pareil cas, de me rejeter la
poire molle au nez en ma qualité de Français, ou
de l'écraser contre le mur comme les nouveau-
nés de la Bible. Malgré toute la répugnance que

m'inspire la simple supposition d'un pareil procédé, j'avoue que je n'oserais me plaindre trop
haut de cette façon d'agir envers un fruit aussi
désagréable et aussi désappointant que l'a été de
tout temps une poire molle. Il n'y aurait pas, à
mon sens, formule de mépris assez énergique pour
exprimer le mépris que mérite une telle poire, et
il faudrait la signaler au dégoût public comme les
pommes maudites de la mer Morte ou les pommes
empoisonnées dont on se servait pour tuer les
reines de France, au temps de Catherine de Mé-
dicis et de Henri III.

La poire tapée dont il faut bien que nous parlions à son tour, est un fruit fort plat, qui s'est
aplati ainsi sous les doigts de l'homme avec la do-
cilité de l'argile, et qui s'est laissé saupoudrer de
farine à l'instar de Déburau.

A l'aspect de cette poire, une foule de misérables souvenirs s'est levée autour de nous comme les cailloux vivans de Deucalion et de Pyrrha. Il nous a semblé que toutes les platitudes de cour, dont ces deux dernières années ont fourni tant et de si mémorables exemples, empruntaient une forme, celle de la poire tapée, et se précipitaient vers nous avec un bruit semblable au fracas d'une avalanche. Nous avons détourné la tête et essayé de distraire notre pensée de ce torrent et de ce bruit. Nous n'avons pu y parvenir qu'en nous re-commandant à la miséricorde du ciel : invocation toute pieuse, et pour le bon succès de laquelle il nous a paru à propos de clore ce chapitre et de commencer le suivant.

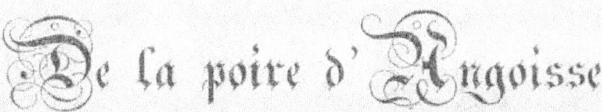

De la poire d'Angoisse

ET

DE LA POIRE D'AH! MON DIEU!

CHAPITRE VI.

Per angusta.
(Devise de la ligue sacro-sainte.)
Ah ! quelle peine extrême !
(Castil-Blaze.)

De la poire d'Angoisse et de la poire d'Ah! mon Dieu!

Et cependant, me disais-je, en écrivant le titre de celui-ci : voilà un sujet des plus sérieux, des plus graves, des plus rébarbatifs; un des sujets les moins plaisans que je sache, et au moindre soupçon duquel le rire complaisant du lecteur s'enfuira épouvanté.... N'importe; infligeons-le, ce sujet, sinon aux autres comme une pénalité correctionnelle, à nous du moins comme une pénitence. Il y a en effet pénitence à se jeter ainsi, plume en arrêt, dans cette lice où surgissent à la fois, comme deux bornes sinistres accentuées en points d'exclamation, ces deux étranges et décumanes poires baptisées, à tort ou à raison, par nos ancêtres : POIRE D'ANGOISSE et POIRE D'AH! MON DIEU! — Tout me fait présumer que le premier qui s'avisa de ces douloureuses appellations était un faiseur d'élégies ou, pour le moins, un pleureur des pompes funèbres; quelque Héraraclite en petit collet, ou quelque Jérémie en épée de baleine et en bas de soie. Ou peut-être il s'est rencontré que le grand Roi, Louis XIV, je suppose, ou avant lui quelque autre monarque de la chrétienté, aura dit, un jour, en mangeant une poire aux contours dorés, aux formes engageantes, au fumet délicieux; il se sera écrié, dis-je, en fouillant de ses royales incisives au plus profond du fruit royal : « — *Ah! mon Dieu! que* « cela est exquis!... — Messieurs, vous enverrez « de ces belles poires à madame la marquise de « Montespan... » ou à quelque autre de celles, parmi les grandes dames de la cour, auxquelles le vainqueur de Mons et de Courtray daignait apprivoiser parfois la majesté du roi de France....

Il est possible encore que l'exclamation dont il s'agit soit échappée au premier moment d'humeur d'un homme, — couronné ou non, — auquel on aura annoncé quelque méchante nouvelle à l'issue de son dîner, *entre la poire et le fromage*, comme on dit; quelque nouvelle à l'instar de celles-ci :

— Monseigneur, ils sont là bas un tas de révo-
lutionnaires qui se battent à propos des ordonnan-
ces, et qui probablement travaillent pour vous.
— Toutefois, comme on ne sait encore qui sera le
plus fort de la Ville ou du Château, veuillez attendre, monseigneur, soyez prudent. Vous êtes en
danger. Saint-Cloud tient Neuilly en échec. Une
imprudence et tout serait perdu. — Prenez bien
garde, Altesse, aux filets de Saint-Cloud ! — Que
j'y prenne garde ? et, s'il vous plaît ; suis-je donc
en si grand danger ?... — Vous êtes sur un volcan,
monseigneur ! — *Ah ! mon Dieu !* aurait dit monseigneur, et le donneur d'avis d'ajouter : On va
disposer le petit kiosque au milieu du parc ; vous
y passerez la nuit..... Voilà qui est fait, monseigneur. — Bien. — Nous monterons tous la
garde autour de vous ; puis ceux dont vous serez
content, demain on pourra en faire des ministres
et des sergens de ville.... — Bonsoir.....

— Monseigneur, ils sont un tas de mauvaises têtes, à l'Hôtel-de-Ville, qui n'entendent rien à la greffe du poirier, soit en *couronne*, soit en *écusson* (1), et qui refusent d'enter la branche cadette sur la branche aînée.... — *Ah! mon Dieu!* — Croyez-moi, Monseigneur, il faut expédier tous ces factieux à Rambouillet.

— Sire, ils sont un tas de mauvaises têtes sous votre balcon, qui veulent, à toute force, la mort des ministres. Ils mêlent des clameurs séditieuses à ces clameurs de vengeance et la sans-culottide chanson qui commence par : *Ça ira*, se mêle, dans leurs vociférations de cannibales, au refrain permis de la *Parisienne*..... — *Ah! mon Dieu!* — Sire, il faut leur envoyer le général Lafayette.

(1) Voy. ci-après chap. X : — *De la greffe en couronne et de la greffe en écusson.*

— Sire, ils sont un tas de mauvaises têtes, sur la place Vendôme, qui jettent des fleurs, des lauriers et mille autres bagatelles incendiaires sur la tombe de celui que la pudeur m'empêche de nommer. Ils chantent la *Marseillaise* cette fois, et l'air bonapartiste : *Veillons au salut de l'Empire*. Ils viennent de dîner, à ce qu'il paraît, tous tant qu'ils sont. Leur haleine est chargée d'émanations vineuses, et tout porte à croire qu'ils ont bu du sang dans des crânes, à la mort du juste-milieu.. — *Ah! mon Dieu!* — Sire, nous allons leur envoyer le maréchal Lobau!

— Sire, il est fortement question de rogner la liste civile, et M. de Cormenin fait beaucoup de prose à ce sujet.... — *Ah! mon Dieu!* que m'apprenez-vous là? — Mais ne craignez rien, Sire, nous allons nous mettre à l'œuvre, parler de la dignité nationale qui consiste à bien payer les gou-

vernans; parler de vos intentions toutes pater-
nelles, de votre générosité, de vos huit enfans;
parler du commerce, qu'il faut faire fleurir et qui
mûrira infailliblement aux rayons dorés d'une
grosse liste civile. Nous dirons tout cela, Sire, et
davantage encore si nous pouvons; mais nous fe-
rons que l'on vote les quatorze millions!... Voilà
qui est fait, sire. — A la bonne heure, vous êtes
de vrais patriotes, de dignes soutiens du trône, —
je suis content.

— Sire, il y a une émeute à Lyon. Les ouvriers
en soieries font les mutins et donnent du fil à re-
tordre aux autorités locales. Il est question là-bas
de proclamer la république ou Napoléon II... —
Ah! mon Dieu! — Sire, il faut envoyer un de
vos huit enfans à Lyon, l'aîné, le plus grand, le
plus courageux, l'espoir de la France. — Vous
avez raison. — Venez, mon fils, embrassez-moi,

et partez. — Oh! Sire, croyez-moi, il sera l'arc-
en-ciel de cette tourmente révolutionnaire, c'est
moi qui vous le dis ; et les peuples se réconcilieront,
les yeux tournés vers lui, comme Israël se guéris-
sait en regardant le boa miraculeux.

— Sire, il y a une terrible conflagration dans le
Bocage! les vendéens sont toujours braves et
fidèles, et leurs vieux fusils, tout rouillés qu'ils
sont, n'en font pas moins peur à biens des *bleus*
armés jusqu'aux dents, envoyés pour les détruire
et les *exterminer*, comme autrefois Carrier et Tur-
reau..... — *Ah! mon Dieu!* l'Ouest se remue? —
Il n'est que trop certain, Sire, l'Ouest se remue.
Si vous m'en croyez ; on parcourera tout ce damné
pays du Bocage! A sac! à sac la fidèle Vendée!...
Qu'on étouffe l'hydre, et qu'il n'en soit plus question.

Sire, le peuple brise et détruit tous les insignes de la royauté déchue; on a même effacé sur votre écusson les fleurs de lis que vos ancêtres vous avaient *léguées avec leur nom....* — Ah ! *mon Dieu!....* — C'est encore un sacrifice, Sire, et vous en avez déjà tant fait.

— Gare donc, sire, gare donc! Voici venir de cette extrémité du Carrousel M. Berthier de Sauvigny avec son cabriolet et son cheval... — *Ah ! mon Dieu!* —Que vous veut donc cet enragé ! Sire, il a le mors aux dents. Daignez vous ranger — Mais je suis... — Vous êtes à pied, sire, et la popularité de la rue s'achète cher. Ne se promène pas librement qui veut avec des socques aux pieds et le parapluie sous le bras. Il faut payer cette prérogative toute plébéienne de quelques coups de coudes et de beaucoup d'éclaboussures. Heureusement, cette fois, vous avez esquivé la roue et l'éclaboussure.

10

— Des malfaiteurs se sont introduits cette nuit dans votre beau domaine de ...., et y ont volé 3,999 pêches.... — *Ah! mon Dieu!* malheureux que vous êtes! et vous avez souffert qu'on me dérobât mes pêches?.... — « Au voleur, « au voleur! je suis perdu, je suis assassiné; on « m'a coupé la gorge, on m'a dérobé mes pêches.. « Qui peut-ce être? Qu'est-il devenu? Où est-il? « Où se cache-t-il? Que ferai-je pour le trouver? « Où courir? Où ne pas courir? — N'est-il point « là? N'est-il point ici? Qu'est-ce?... — Arrête! « Rends-moi mes pêches, coquin!... — Hélas! « mes pauvres pêches! C'en est fait; je n'en puis « plus, je me meurs, je suis mort, je suis en- « terré. N'y a-t-il personne qui veuille me ressus- « citer en me rendant mes pêches, ou en m'ap- « prenant qui les a prises!... Eh! que dites-vous? « Ce n'est personne? — Il faut, qui que ce soit « qui ait fait le coup, qu'avec beaucoup de soin

« on ait épié l'heure; et l'on a, je parie, choisi
« le tems que je visitais mon jardinet et mes
« nouvelles *bâtisses*.... — Sortons! Je veux
« aller quérir M. Persil, M. Miller, M. Partar-
« rieu-Lafosse, M. Naudin, M. Jacquinot-Go-
« dard! toute la justice, y compris M. Gisquet,
« et faire donner la question à toute ma maison...
« — Hé! de quoi est-ce qu'on parle là-bas? de
« celui qui m'a dérobé? — Quel bruit fait-on là-
« haut? est-ce mon voleur qui y est? De grâce, si
« l'on sait des nouvelles de mon voleur, je supplie
« que l'on m'en dise.... — N'est-il point caché là
« parmi vous? — Ils me regardent tous, et se
« mettent à rire! — Vous verrez qu'ils ont part,
« sans doute, au vol de pêches qu'on m'a fait....
« — Allons, vite; des commissaires, des ser-
« gens-de-ville, des procureurs du roi, des
« avocats-généraux, des jurés, des conseils de
« guerre, des gênes, des potences et des bour-
10*

« reaux ! Je veux faire pendre tout le monde ! » (1)

Ce sont bien certainement des angoisses pareil-
les, survenues au dessert, c'est-à-dire au moment
où l'*honnête homme qui dine* a le plus impérieuse-
ment besoin de tranquillité; ce sont assurément
de semblables angoisses qui ont valu à l'une des
poires qui intitulent ce chapitre le nom bizarre et
presque larmoyant que vous lui trouvez.

Quoi qu'il en soit, la *poire d'Angoisse* est aujourd'hui un fruit de saison. — Tout le monde
en avale, plus ou moins, depuis le *Napoléon*
de 1832 qui fait jouer le canon devant l'église
Saint-Méry, jusqu'au diplomate couard qui fait
des bassesses en cour de Rome pour ne pas fâ-
cher le pape et M. de Metternich; depuis le gouvernement dupe et maladroit qui achète des

(1) MOLIÈRE, *l'Avare*; acte IV, sc. VII.

consciences, jusqu'au misérable écrivain qui
vend la sienne, quitte ensuite à se *justifier* de
cette vilaine action dans un mémoire rimé de
sept cents vers.

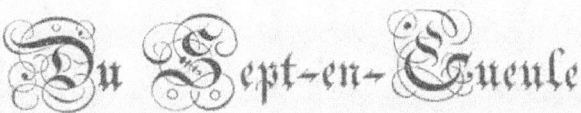

Du Sept-en-Gueule

ET

DE LA POIRE-AVOCAT.

CHAPITRE VII.

Cinq et quatre font neuf; ôtez deux, reste sept.

(Boileau.)

L'avocat, c'est un déluge
De mots tombant sur le juge;
C'est un mélange matois
De latin et de patois.

(V. Hugo.)

Du Sept-en-Gueule et de la Poire-Avocat.

C'est ordinairement par sept et par neuf que
les hommes ont habitué de compter les choses

extraordinaires. Ces nombres mystérieux, le nombre septennaire surtout, semblent avoir le privilège exclusif des miracles. Il y a sept merveilles dans le monde, sept merveilles dans le Dauphiné, sept cents vers dans la *Justification* de M. Barthélemy. Sept étoiles annoncèrent à Hugues, évêque de Grenoble, l'arrivé de Bruno et de ses six compagnons, (sept moines en tout), dans le pays de Chartreuse. Il n'y a de là qu'un pas au sujet qui nous occupe.

Le *Sept-en-Gueule* est évidemment un symbole du mystère arcanéen, qui fait du nombre *sept* un chiffre cabalistique, et tant soit peu damnable à prononcer. Le Sept-en-Gueule croissant par bouquets de sept poires, petites, à la vérité, très-petites même, comme l'observe très judicieusement Duhamel (*fructu minimo*), mais délicatement arrondies, mais alongées en toupies, et capricieusement tachetées de points rouges du côté du soleil;

le Sept-en-Gueule, disons-nous, peut être consi-
déré comme l'emblème d'une nombreuse famille,
laquelle, après tout, n'est pas plus sacrée que la
Très-Sainte-Trinité dont je ne sais plus quel ingé-
nieux curé de village avait trouvé le symbole dans
une fourche. Ajoutons à cela que le *Sept-en-
Gueule* mûrit en juillet, ce qui complète la ressemblance.

SEPT-EN-GUEULE ! sept à la fois ! sept en
une seule bouchée ! et quelle bouchée ! une bouchée de princes !

Oui, je dis bien : bouchée de princes. — Ils sont
en effet sept petits princes dans ce bouquet de petites poires. Ils s'y serrent, ils y tiennent tous les
sept, et ils y vivent côte-à-côte, étroitement unis
comme les cinq doigts de la main, comme les trois
journées de juillet, comme les sept branches du

chandelier sacré. C'est une union qui fait plaisir à voir. Et n'allez pas croire que j'exagère en disant un bouquet de petits princes : j'aurais dû dire une *grappe*, tant ils sont serrés, tant ils sont nombreux. Le physiologiste du goût, Brillat-Savarin, qui analyse dans son livre avec tant de sensualité les délices intarissables qui résultent, pour un palais gourmand, d'un bec-figue bien gras, rôti à point et mangé d'une certaine façon ; Brillat-Savarin aurait assurément écrit un chapitre spécial sur la manière de mordre à la grappe du Sept-en-Gueule, s'il eût pu soupçonner les hauts enseignemens que renferme un tel sujet, et si d'ailleurs les graves préoccupations du magistrat n'eussent pas quelquefois et trop souvent pour sa gloire et nos jouissances littéraires et gastronomiques, éclipsé sur son front l'étoile paisible du gourmand. Quoi qu'il en soit de cette omission involontaire, et qu'elle procède d'inadvertance, ce que je crois, ou d'ignorance to-

tale, ce que je crains ; il n'en reste pas moins avéré
que le présent chapitre du Sept-en-Gueule man-
quait à notre littérature, et nous le livrons ici
au lecteur, non pas seulement comme un cadeau,
mais comme une sorte de restitution.

Voyez et considérez, je vous prie, cette collection de petites poires, depuis la plus grande, qui
s'alonge indéfiniment comme une rave, jusqu'à la
plus petite, qui se ramasse mignonnement sur elle-
même comme un chou de Bruxelles ; depuis le
grand brin de fruit jaune et fade qui fait le beau
entre entre ses autres frères, et le plus jeune qui
se cache entre les feuilles du poirier paternel
comme une fraise au milieu d'un buisson. Dans
cette grappe, formée de sept poires de toutes
grosseurs, on compte jusqu'à sept variétés différentes, lesquelles se distinguent chacune par un
nom spécial. Nous nous bornerons à citer, outre

la poire Grande-Poule-d'eau que nous venons d'indiquer tout-à-l'heure, celle que les naturalistes, et plus particulièrement encore les jardiniers, ont baptisée *poire Amirale*, appellation toute caractéristique. La poire Amirale est celle qui vient immédiatement après la poire Grande-Poule-d'eau. C'est devant la poire Amirale que s'agenouilla un jour le baron de ...., ardent poiricole, insatiable poirivore, auquel une impertinente caricature a prêté ces paroles bien remarquables si elles sont vraies : « — Oui, mon- « seigneur, *caca.... pipi....* — puisque vous le « voulez, on vous fera *capitaine!....* » — La poire Amirale est pleine d'eau comme la Mouille-Bouche, mais d'une *eau douce* et sans goût. Il en est ainsi de toutes les autres poires. Toutes sont fades au goût, et rien n'annonce que le temps doive apporter quelque modification à ce malheureux naturel de fruits.

Malgré cela, ils sont dorés, dorés comme la plupart des poires dont nous avons entrepris de vous parler durant tout ce volume. Il n'y a guère que la *Belle-de-Bruxelles* qui conserve une sorte d'affinité avec la *Blanquette-Madeleine*, dont elle a l'éclatante blancheur et la voluptueuse fermeté. Les autres s'en tiennent à leur dorure, et se fient à la solidité de la branche qui les berce au vent, sur les fossés pleins d'eau de la route, jusqu'au moment où la pauvre branche craquant sous le poids, et par les efforts des vents auxquels elle est on ne peut plus exposée, tous ces imperceptibles petits poiricules joncheront le chemin comme autant de poires tombées.

Alors il y aura du *raisiné sur le grand trimar* (1).

(1) On sait que le raisiné se compose de poires bouillies avec du vin doux. (Voy. *Duhamel* et la *Cuisinière bourgeoise.*)

C'eût été pour nos pères, grands amateurs de
trumeaux et de dessus de portes, un bien légitime
sujet d'admiration que la vue d'une toile oblongue
ou ovale, comme on voudra, méticuleusement
enluminée de fleurs et de fruits, à la manière de
Vandael, et où le premier plan eût été occupé par
un beau bouquet de Sept-en-Gueule et une belle
collection de Royaux dorés!—Mais si haut qu'eût
monté leur enthousiasme à l'aspect d'un si magnifique tableau, il est à présumer que l'effet de la
peinture eût été doublé encore, si, parmi toutes
ces poires augustes et souveraines, il s'en fût glissé
une, d'origine et de nom moins éclatans, il est
vrai, mais que son goût exquis, quoique âpre et
rebutant au premier abord, recommande de droit
à tout *palais* civilisé. Nous voulons parler de la
poire-*Avocat*, poire cassante s'il en fut, et que
les électeurs du département de la Nièvre mangent
avec du pain.

Duhamel prétend qu'il y a connexité intime entre le *poirier-avocat* et le *laurier-avocatier* des bota-nistes. Je penche volontiers pour cette opinion, d'autant plus volontiers qu'à mon avis les avocats ont acquis chez nous une prépondérance toute militaire depuis juillet 1830, et que l'axiome : *cedant arma togæ*, a trouvé dans le barreau contemporain sa plus frappante application. Or le *suum cuique* doit être ici de rigueur, et puis-qu'il est écrit — qu'il faut rendre à César ce qui appartient à César, — j'opine fortement pour que l'on décerne le laurier-avocatier à M. Dupin.

Bonaparte n'aimait pas les avocats. Mais Bo-naparte est mort et les avocats sont restés vivans. Les avocats ne meurent point. Ils prennent leur revanche et gouvernent.

Le laurier de Bonaparte est devenu un laurier avocatier ;

11

Et la couronne un bonnet carré d'avocat ;

Et le porte-sceptre un bâtonnier de l'ordre des avocats ;

Et la salle du trône, une salle des pas perdus, toute pleine d'avocats ;

Et le gouvernement une avocasserie.

Les souliers de M. Dupin ont remplacé les sandales victorieuses de Charlemagne et les bottes éperonnées de Napoléon...

A propos de souliers de M. Dupin, il me revient à l'idée une histoire de pantoufles — que voici.

LES

Pantoufles de Monseigneur.

CHAPITRE VIII.

Ne sutor ultrà crepidam.
(PHÆDRE.)

Les pantoufles de Monseigneur.

C'était un jour d'été; non pas l'été mémorable où le *lourd* soleil de M. Auguste Barbier *chauf-*

fait si énergiquement *les larges dalles* des ponts et des quais de Paris ; non pas cet été qui calcina nos vieilles fleurs-de-lis et les remplaça par une ample moisson de magnifiques *je ne sais quoi* ; non pas cet été-là, vous dis-je, mais bien l'autre été, celui de 1829, où toutes choses étaient encore debout en France, où il n'y avait encore ni question belge, ni expédition de Portugal, ni principe de non-intervention, ni amendes de 10,000 francs, ni gâcheurs de plâtre aux Tuileries, ni gâcheurs de protocoles à Londres, ni gâcheurs de révolutions à la bicoque du Palais-Bourbon ; ni chapeaux gris séditieux, ni embrigademens d'assommeurs, ni juste-milieu, ni bousingots, ni émeutes, ni poignées de main, ni programme de l'Hôtel-de-Ville, ni conséquences de juillet, ni seringues-Lobau, ni Charte-Bérard, ni fusils-Gisquet, ni comptes-rendus..... — Époque tranquille et regrettable que celle-là ! — Mais revenons.

C'était donc un jour de l'été 1829, par un beau soleil d'août, qui n'en était pas moins beau pour n'avoir point encore éclairé de barricades. Je m'étais procuré, je ne sais pourquoi, par dés-œuvrement sans doute, un billet d'entrée aux appartemens du Palais-Royal ; un billet de six personnes avec lequel je pus être admis tout seul. — Étrange curiosité que celle dont je me sentis pous-ser en ce moment, et par progression ascendante, jusqu'au plus haut des marches en pierre de l'es-calier ducal! C'était, je l'avoue, une curiosité d'épicier. Mais elle était impérieuse comme une curiosité de pair de France. Je me soumis machi-nalement à la sotte volonté qui m'entraînait, et, ainsi harponné ou remorqué, comme on voudra, par le plus badaud génie qui soit au monde, j'en-trai dans la galerie des tableaux.

Un *cicerone* m'accompagnait ; un cicerone en

livrée rouge, que j'eusse volontiers pris pour
un homard s'il n'eût été coiffé d'un ample chapeau bordé comme celui des gendarmes de ce
temps-là. Ce monsieur s'était obligeamment offert
à me conduire jusque dans le cabinet de travail de
S. A. R. Monseigneur le duc d'Orléans.

Jemmapes et Montmirail déroulèrent solennellement devant mes yeux leurs prodigieuses lignes
de bataille. La Druïdesse d'Horace Vernet et les
trois Suisses de Steuben passèrent successivement
devant mon admiration d'amateur.

Aux grandes pages, aux toiles immenses succédèrent bientôt les paysages à l'aquarelle et les
intérieurs à l'encre de Chine.

Les portraits vinrent ensuite, et nous entrâmes
dans un riche cabinet où se trouvaient les fameu-
ses ressemblances de Louis XI et de Cinq-Mars.

Avant de m'introduire en ce lieu retiré, mon guide m'avait fait remarquer sur un sofa une modeste redingote verte jetée là négligemment à côté d'un parapluie. — « C'est, m'avait-il dit, la redingote et « le parapluie de Monseigneur. » — Ici ce fut bien autre chose! — Une paire de pantoufles fixa tout d'abord mon attention, et j'appris que c'était là les pantoufles de Monseigneur.

Elles étaient de maroquin, autant que je puis m'en souvenir : oui, de maroquin rouge, et placées à la droite de la cheminée, sur un soufflet, comme des pantoufles ordinaires.

Elles n'étaient ni fourrées, ni ouatées, ni satinées, ni raffinées, ni perfectionnées comme la fameuse pantoufle de Popocambou-le-brèche-dent, quarante-deux-mille-six-cent-soixante-troisième autocrate de Tombouctou, dont il est parlé dans

la merveilleuse Histoire du *Roi de Bohême et de
ses sept châteaux*.

Elles n'avaient ni franges, ni passequilles, ni
paillettes, ni arabesques;

Elles n'étaient ni démesurément longues, comme
les anciennes chaussures à la poulaine, ni mons-
trueusement courtes, comme les chaussures à la
chinoise;

Il n'y avait rien en elles, je vous jure, qui dé-
notât des pantoufles de prince. — On eût pu les
prendre pour des pantoufles de notaire retiré....

Que dis-je! — pour des pantoufles de commis-
saire-priseur!

Que dis-je! — pour des pantoufles d'épicier-
droguiste!....

Et pourtant je les considérai comme chose mo-

numentale, et je sortis l'esprit réellement coiffé de
ces pantoufles....

J'y pensai tout le reste du jour, et, la nuit suivante, j'eus beau me tourner, me retourner, m'a-
giter dans mes couvertures, me rouler du côté
gauche au côté droit, me coucher sur le ventre,
sur le dos, dans tous les sens; il me fut impossible de rêver d'autre chose que de cette paire de
pantoufles!

C'est qu'en effet il me semblait que j'eusse lié
connaissance avec Monseigneur rien qu'en regardant ses pantoufles... Il me semblait qu'une sorte
d'intimité s'était établie entre nous à partir de ce
moment.

Jugez donc! — m'être rencontré une fois, et de
si près, avec les pantoufles et le parapluie de Monseigneur, et une autre fois avec lui-même; — avec

lui, simple individu comme vous et moi, faisant son tour des boulevarts et prenant des glaces au café de Foy !

Bientôt, — une année après, — le duc d'Orléans s'appela Louis-Philippe.

Un dais de velours cramoisi s'éleva dans la galerie des tableaux, au Palais-Royal.

M. Bérard bâcla sa Charte en trois heures, montre à la main, et la chambre des députés planta la branche cadette qui ombrage maintenant de ses rameaux le trône de saint-Louis.

Alors mon orgueil (bien légitime, convenez-en) devint de l'impertinence et de la fatuité. Mes souvenirs acquièrent, du jour de l'avènement de Louis-Philippe *au trône des barricades*, comme disent les grands journaux, une importance majeure, une importance toute royale ; — et ce fut tout au plus si je réussis à me persuader de l'identité des pantoufles que j'avais vues en août 1829, avec celles que portait Sa Majesté le Roi *des Français* en août 1830.

J'entendais bien alors dire autour de moi par quelques patriotes tracassiers, de ceux-là qui font profession de s'indigner de tout ; j'entendais bien, dis-je, murmurer autour de moi des paroles quelque peu semblables à celles-ci : — « Voyez-vous !... « le siècle ne marche plus, il galope. On impro- « vise un Roi plus vite qu'on ne fabrique une Ré- « volution. C'est admirable, comme par momens, « le pays va vite en besogne. Nous nous étions « rudement essoufflés en Juillet, et voilà que, « pour reprendre haleine, on nous assied sur les « marches du trône !... — Le trône ! On eût dû « attendre quelques mois encore avant de le re- « construire. On eût dû rejeter à la fin du volume

« de 1830 cet épineux chapitre de la Royauté. En
« saine architecture, on ne couronne l'édifice
« qu'après sa parfaite construction. La clé d'une
« voûte, tout indispensable qu'elle soit, ne se
« pose jamais qu'en dernier lieu. Toute nation
« sage et forte à qui la monarchie est passée en
« habitude comme un mal nécessaire, doit d'a-
« bord se mettre en position de pouvoir s'en pas-
« ser, après quoi c'est bien à elle de saluer l'avé-
« nement d'un Roi, si tant est qu'il faille absolu-
« ment qu'elle se donne un Roi. La main de jus-
« tice achevée, on peut à la rigueur s'occuper
« du sceptre. La sagesse du peuple qui se crée
« un Roi, serait de lui donner toutes choses
« faites et de lui dire : « Gouverne. » — Il est des
« cas où il faut savoir tout donner pour ne rien
« recevoir. »

Mais tandis que ces phrases mal sonnantes cir-

culaient à demi-voix de bouche en bouche et
d'oreille en oreille, comme la calomnie de maître
Bazile, moi, je me recueillais dans mes souvenirs, et méprisant le *rinforzendo* de la clameur
publique, je me disais avec attendrissement :

— Que cette royauté citoyenne est belle!
qu'elle est simple! qu'elle est bourgeoise! qu'elle
est originale!

Qu'elle a bon air en socques, en chapeau gris,
avec son parapluie!

Qu'il fait beau la voir répondre ingénument
au poétique billet de garde de M. Em. Dupaty, et
affirmer qu'elle ne pourra pas monter cette garde
à cause de ses occupations!

Qu'il est touchant de la rencontrer nez à nez,
se promenant bras dessus bras dessous avec
M. Fontaine, et s'extasiant, de concert avec cet

habile architecte, devant une *poignée au sas* et une *truellée au panier!*

Qu'il est édifiant de se la figurer dans son cabinet, chaussée de simples pantoufles en maroquin rouge, comme une personne naturelle!

Etrange caprice du sort! La France a changé de Roi. Louis-Philippe n'a pas changé de pantoufles.

Ces admirables réflexions, et bien d'autres que je regrette sincèrement de ne pouvoir consigner ici, me sont revenues tout-à-l'heure en mémoire à propos des bottes de Napoléon, empereur, et des souliers de M. Dupin, avocat.

De la Poire

CONSIDÉRÉE

SOUS SON POINT DE VUE APHRODISIAQUE.

12

CHAPITRE IX.

Tout est dans tout.
(JACOTOT.)

———

De la poire considérée sous son point de vue
aphrodisiaque.

———

Et comme tout s'enlace et s'enchevêtre ici-bas
de merveilleuse façon ; comme tout se succède et

12*

se coordonne en ce monde avec la plus capricieuse régularité que je sache ,... — au point qu'on serait tenté de prendre pour un logicien le Désordre même, si la personnification mythologique du Désordre n'avait été omise par Chompré ; — comme , dis-je , une idée ou une apparence d'idée, si frivole qu'elle soit , en remorque infailliblement une autre à sa suite, et que celle-ci , pour peu qu'on la tire à soi, ne manque jamais d'en charrier une demi-douzaine d'autres après elle dont on ne se doutait pas ; — voilà qu'au simple petit bruit de pantoufle à propos de poires, il m'est arrivé de songer qu'on pouvait trouver matière à gaillarde plaisanterie derrière ce mot : *pantoufle !* — Et aussitôt ma tête de courir, ma plume de trotter, la pudibonde morale de rougir et M. l'avocat-général de s'indigner.

Quand je dis que je crus voir un sens gaillard caché derrière le mot « pantoufle, » je me trompe

probablement. Certes, avec un peu de bonne volonté, il serait facile de découvrir le côté gra-
veleux de ce sujet, ne fût-ce qu'en remontant
aux Contes de fées où figure si élégamment la
jolie pantoufle verte de Cendrillon. De là il n'y
aurait qu'un pas pour arriver à cette autre mi-
gnonne pantoufle dont il est parlé je ne sais où,
et dans laquelle une malicieuse souris se blottit un
matin comme Chérubin dans le grand fauteuil de
Suzanne, comme un professeur dans ses fourrures
d'hermine. Habitée ainsi par un être vivant, la
miraculeuse pantoufle s'anima peu à peu, s'agita,
tourna sur elle-même avec un mouvement de ro-
tation assez marqué, puis se mit à courir folle-
ment sur le parquet, de droite à gauche, de gauche à droite, de long en large, en arrière, en
avant, changeant d'allure et de direction selon qu'il
en était ordonné par le bon plaisir de la souris
vagabonde et prisonnière; — admirable réalisation,

quoique en raccourci, de cette classique indivi-
dualité de l'Arabe du désert, lequel passe sa vie à
camper, et ne voyage jamais, comme on sait, sans
emporter partout sa tente avec lui.

Mais ce n'est pas la pantoufle, encore une fois,
ce n'est pas elle qui m'a suggéré le chapitre que
voici.

Maintenant que je me rends compte des véritables
motifs qui m'ont lancé dans cette cauteleuse exorde
d'un discours assez embarrassant, je me souviens
que plusieurs noms, fort étranges à prononcer,
m'avaient scandalisé dans l'énumération de poires
citée au chapitre III de ce Traité physiologique.
Ces noms, que le lecteur aura pu remarquer
comme moi, sont les suivans, ou à peu près, —
savoir :

Blanquette-Madeleine.

Cuisse-Madame.

Grosse-Cuisse-Madame.

Culotte de Suisse..., etc. etc.

Vous avouerez, en effet, que ce sont là vocables singuliers, pour ne pas dire plus, et qu'une telle profusion de noms érotiques donne furieusement à penser sur le compte du savant bel-esprit qui les a inventés. Il fallait que ce juré-trouveur d'appellations pittoresques et grivoises crût bien fermement que l'auteur de la Genèse s'était trompé, et que le Serpent avait tenté la femme, non pas avec une pomme, comme il est dit dans l'Ecriture, mais avec une poire. En effet, supposez un moment que la poire, fruit essentiellement honnête et ami de l'ordre, tire son origine de l'arbre même où le rusé serpent s'enlaça pour perdre à tout jamais le genre humain; supposez que Satan, en per-

184

sonne, l'appendit aux damnables branches de l'arbre
défendu, et que ce fut de ses dix pepins que s'élan-
cèrent un jour, tout armés, les sept péchés capi-
taux grotesquement groupés avec les trois Vertus
théologales ; — supposez tout cela, lecteur, et vous
comprendrez que la liste des mille et une variétés
de la poire, dont le chapitre III de ce Traité renferme un court échantillon, soit jalonnée çà et là
de noms faits évidemment pour vous scandaliser.
Vous concevrez sans peine et vous apprécierez les
motifs qui ont déterminé le sublime conteur, Jean
de Lafontaine, à placer la scène de la gageure de
l'une de ses *Trois commères* sous un poirier :

> L'autre de qui le mari croyait tout,
> Avecque lui sous un poirier assise,
> De son dessein vint aisément à bout.
> En peu de mots j'en vas conter la guise.

Ainsi commence le bonhomme; et huit vers

plus loin le drame licencieux est aussi avancé que le bâtard Antony à la fin du troisième acte de la pièce de M. Alexandre Dumas. Le drame du conteur va son train sans s'inquiéter du *veto* de la Sorbonne et du *qu'en dira-t-on* de Port-Royal; il marche; il se hâte gracieusement, certain qu'il est d'amuser son public, et le regret nous prend quand il arrive à ces jolis vers qui sont à la spirituelle narration ce qu'est le cinquième acte à tout drame classique ou romantique, moderne ou rococo, dont nous régale chaque soir le Théâtre-Français; c'est-à-dire qu'ils lui servent de dénouement.

> Ne cherchez plus, leur dit-il, d'autre cause :
> C'est ce poirier, il est ensorcelé.
> — Puisqu'il fait voir de si vilaines choses,
> Reprit la femme, il faut qu'il soit brûlé.
> Cours au logis; dis qu'on le vienne abattre.
> Je ne veux plus que cet arbre maudit
> Trompe les gens.....

A ce propos, nous remarquerons que Lafontaine s'est souvenu du mot de Jésus-Christ, lequel voulait que tout arbre nuisible ou seulement inutile fût immédiatement coupé et jeté au feu.

Si pareille mesure était prise à l'égard du poirier tel qu'il nous est venu dans certaines localités, âpre d'écorce, bas sur tige, tortueux et rabougri, certes ce serait une coupe superbe et un feu de joie éblouissant! — Mais bien loin d'arracher le mauvais poirier, on ne l'émonde même pas. On lui laisse toutes ses excroissances, toutes ses branches gourmandes, toutes ses superfluités; on ne retranche rien de ce qui nous déplaît en lui. On favorise ses mauvais penchans, ses disgracieux travers; on ne s'oppose point à l'empiètement disproportionné de ses racines; on lui laisse à peu près toute liberté pour croître s'il veut, et embellir s'il peut. L'obstiné poirier n'en tient compte, et, selon qu'il est expliqué plus au long dans l'ouvrage de Duhamel sur les arbres fruitiers, son bois se durcit en vieillissant et devient tellement lourd et métallique à la longue qu'on peut en faire, à l'aide d'une scie, d'un tour et d'un polissoir, mille objets d'usage commun et journalier : Tels que peignes, bilboquets, étrilles, bassons, flûtes, clarinettes, rouages de moulin, tables, chaises, tabourets, jeux de quilles, trônes-bourgeois, boules de scrutin, ronds de serviettes, échecs, queues de billard, amphores antiques, cruches modernes, pagodes chinoises, divinités druidiques, statues de Junon (1) et statues de la Liberté.

(1) Avant que l'art de la sculpture eût atteint cette sublime perfection à laquelle il est parvenu chez les Grecs, un tronc de *poirier* dégrossi par une main inhabile était le simulacre du dieu qui recevait les hommages des mortels. Dans le principe, la statue de Junon, à Argos, était, au rapport de Pausanias, une figure informe formée du tronc d'un poirier sauvage, et qui, par la suite,

Quoi qu'il en soit, le poirier jouit d'une réputation fort érotique, et tout porte à croire qu'il ne la doit pas à Lafontaine seul. Il y a gros à parier, au contraire, que le bonhomme n'a fait que la lui continuer, et qu'antérieurement au conte de la *Gageure des Trois commères*, le poirier était déjà signalé comme un arbre de mauvaise vie et fort enclin à favoriser de son ombre les mystères les plus gaillards de notre humanité, comme le figuier l'était lui-même à cacher la honte de nos premiers parens.

Cette probabilité devient une certitude si l'on réfléchit qu'encore aujourd'hui, maintenant, à l'heure où nous écrivons ce chapitre, une poire, molle à la vérité, mais une poire royale, une

fut abandonnée et vouée à l'oubli, lorsque le temple de la déesse fut orné d'une superbe statue en or et en ivoire.

(*Dictionnaire des Sciences naturelles*, tom, 42, p. 133.)

poire suprême, une poire dorée, réunit en elle
tous les signes généraux qui caractérisent la poire
graveleuse, la poire pierreuse, la poire de mauvais
ton et de mauvais goût.

Nous voulons parler de l'ancienne poire *Mademoiselle*, qu'il nous paraîtrait enfin convenable
de baptiser aujourd'hui, une fois pour toutes :

POIRE-ATHALIE.

De la greffe en Couronne

ET

DE LA GREFFE EN ÉCUSSON.

CHAPITRE X.

Intùs et in cute.

De la greffe en Couronne et de la greffe en Ecusson.

En furetant, non pas la *chronique*, comme disent les romantiques, mais les livres, chartes et

13

manuscrits, palimpsestes et *papyrus* qui ont traité de l'Histoire du poirier, nous avons trouvé non seulement que cet arbre était indigène des forêts de l'Europe tempérée, particularité dont vous ne vous souciez guère; non seulement qu'il vivait très-vieux, et se faisait très-gros en vieillissant, assertion toute contraire à celle de Pline, le naturaliste, qui soutenait, lui, qu'un poirier croissait comme un champignon et pourrissait de même, du jour au lendemain; — nous avons trouvé, dis-je, que le poirier, cet arbre si essentiellement intéressant, était assez accommodant de sa nature, et peu difficile sur le choix du terrain où le bon plaisir du hasard voulait qu'il fût planté. Plusieurs auteurs, Duhamel compris, prétendent même qu'il affectionne les terrains secs et pierreux (1);

(1) « Il y enfonce avec force ses racines, et s'introduit jusque « dans les fentes des rochers... »

(Nouv. Duham.)

ce qui explique à merveille, selon nous, cette grande facilité qu'a montrée un poirier à croître chez nous parmi les pavés.

Ce mirifique poirier est d'une riche et robuste venue, convenez-en; c'est un arbre qui, pour être moins gracieux que l'acacia, moins noble assurément que le cèdre, moins hardi que le peuplier, ne le cède à aucune de ces trois espèces pour l'obstination de sa sève qui monte et s'épand également par tous ses rameaux, pour l'ampleur démesurée de son abdomen, autrement dit de son tronc, pour l'abondance de ses *lambourdes*, de ses *brindilles*, de ses *gourmandes* et de ses *faux-bois*. Nul doute qu'avec le temps, si on le laisse faire, cet arbre, hier encore arbre de haie, arbre de potager, arbre-nain, n'acquière le même diamètre à sa base et la même étendue à son sommet que le célèbre poirier d'Er-

13*

ford, en Angleterre, lequel a, comme on sait, ou avait, si la cognée l'a abattu depuis qu'on m'en a parlé, dix-huit pieds de circonférence, si ce n'est même davantage. M. Bosc, le savant, a vu de ces poiriers-là dans ses voyages, et il assure que pour être âgés de trois à quatre siècles, plus ou moins, ils n'en jetaient pas autour d'eux une moindre dose d'ombrage, ni une moindre quantité de fruits dorés et savoureux. — Notre poirier est loin d'avoir derrière lui quatre beaux siècles d'existence; mais tel qu'il est, beaucoup de gens, amateurs de poiré et de raisiné, préfèrent son ombre à celle de l'Arbre de la Liberté, lequel n'a pas d'ombre, il est vrai, quoiqu'il surgisse du milieu des pavés, à l'instar du Poirier. Mais les pavés ne constituaient pas apparemment un sol favorable à la bonne venue non plus qu'à la culture de l'Arbre de la Liberté, tandis qu'ils réunissaient toutes les conditions désirables pour la bonne venne et la culture du poirier. — L'événement nous a suffisamment démontré la vérité de cette double assertion.

Passons, s'il vous plaît, à la greffe du poirier.

Les différentes variétés de poires ne peuvent se propager que par la greffe. Mais pour greffer il faut avoir des sujets *de l'espèce*, comme l'observe judicieusement Duhamel, et ces derniers ne s'obtiennent que par les semis de graines. — Pour avoir des poires...., prenez d'abord un poirier.

De même que pour avoir un Roi-citoyen, — prenez d'abord un Roi.

De même que pour avoir des institutions républicaines, — prenez d'abord une République.

De même que pour avoir une bonne gibelotte de lapin, — prenez d'abord un lapin.

Ce sont là tous aphorismes éternels de vérité, comme en renferme à profusion la *Cuisinière-Bourgeoise*.

Prenez donc un poirier, — j'entends un beau poirier, un poirier comme il faut, de ceux-là qui proviennent de graines choisies, de pépins distingués. — Pour l'ordinaire le sujet devra être âgé de sept ans.... (Encore cet endiablé chiffre 7!) et avoir passé la plus grande partie de son enfance en pépinière, planté en rigole, isolé de deux pieds en tous sens de tous les autres arbres, ses frères, dont le voisinage trop intime eût pu l'incommoder. Il aura dû être labouré à chaque automne, *biné* à chaque saison, débarrassé avec soin chaque jour de ses herbes parasites et de ses pucerons. S'il est destiné à croître en plein vent, on aura dû l'ébrancher avec soin de ses rameaux latéraux, afin de contraindre la tige verticale à s'élever davantage. Toutefois, on aura eu soin de ne pas faire jouer la serpette à l'étourdie, car d'un élagage irréfléchi des branches latérales résulterait infailliblement une tige principale trop longue, trop grêle, dépourvue de sève et sujette à se ployer à tous vents; un grand brin de poirier enfin, tel qu'il nous en a été montré plusieurs, sous la Restauration, à la pépinière du collége de Henri IV; tel qu'il en pousse en ce moment une demi-douzaine à la pépinière de Neuilly.

Parvenu à la hauteur de sept pieds, (toujours ce cabalistique nombre de 7!) on aura pris la sage précaution de couper le sommet de l'arbuste, afin de la fixer à cette taille raisonnable, laquelle est le *nec plus ultrà*, la taille géante, la taille par excellence du poirier. Arrivé à ce point, on lui crie : « Tu n'iras pas plus haut! » — Et crac! un coup de serpette : voilà notre poirier *raccourci*. De cette façon, il reste petit, mais il se fortifie. Il grossit à vue d'œil et parvient, sa bonne fortune aidant, à faire quelque jour un poirier-royal, comme le poirier qui chez nous est venu parmi les pavés.... Mais retournons, s'il vous plaît, à la greffe du jeune poirier.

Sept années, ai-je dit, constituent l'âge adulte où le *sujet* peut être greffé. Pour ce faire, on choisit un temps doux, couvert et sans pluie, un temps mixte, qui participe de toutes les saisons, et qui n'est positivement d'aucune, un juste-milieu entre l'été et l'hiver, moitié figue, moitié raisin, ni trop chaud, ni trop froid, ni trop gris, ni trop clair, entre chien et loup, un temps de demoiselle, un temps de protocoles, un temps de question belge, un temps de quasi-légitimité. — On prend donc le temps que je viens de dire et on greffe le poirier en *fente* ou en *écusson*.

Cette dernière façon de greffer rapporte des fruits trois ou quatre années plus tôt que l'autre, et se pratique à deux époques distinctes : au printemps et au mois d'août. Dans le premier cas, c'est la greffe à *œil-poussant*; dans le second, c'est la greffe à *œil-dormant*. — Celle-ci est plus usitée que celle-là. — Le poirier venu parmi les pavés a été greffé en août 830, de deux manières différentes : — En *Couronne* et en *Écusson*.

Pour que le poirier soit greffé en Couronne, il faut qu'il soit déjà vieux et usé; si usé et si vieux qu'il y ait absolue nécessité de le rajeunir en le changeant de fruit. Or ceci donne fréquemment lieu à d'étranges méprises, à des mécomptes désolans. Le fruit qu'on obtient par la nouvelle greffe est souvent moins bon que celui dont on se fatiguait et qu'on a prétendu remplacer. Le *Messire-Jean doré* de la branche cadette fait souvent regretter le *Bon-Chrétien* de la branche aînée. On voulait avoir mieux, on a pis. Pareille chose arrive tous les jours, et surtout en juillet, le mois des poires et des révolutions.

Que la greffe du poirier se fasse en Couronne ou en Écusson, peu importe, après tout, pourvu que, dans les deux cas, l'écorce du sujet puisse se détacher du bois avec facilité. Cette circonstance est de rigueur. L'adhérence du bois et de l'écorce, favorable à la greffe en fente, rendrait impossible ou au moins fort difficile la greffe en Couronne et celle en Écusson.

Il faut, dis-je, pour effectuer avec succès ces deux dernières sortes de greffes, que l'*individu* ne tienne pas ridiculement à sa peau.

Mais sur quoi le grefferons-nous? voilà la question, comme dit Hamlet.

Le grefferons-nous sur coignassier? — Ce serait le meilleur parti à prendre *pour jouir promptement*, comme l'énonce littéralement Duhamel avec son imperturbable gravité de professeur. Les arbres greffés sur coignassier rapportent vite et en quantité. Il est vrai d'ajouter qu'en revanche ils durent peu.

Grefferons-nous sur néflier?

Grefferons-nous sur aubépin?

Sur azérolier?

Sur cormier?

Sur pommier?

Grefferons-nous sur franc?

Grefferons-nous sur sauvageon?

Voilà bien des greffes à choisir, sans compter celles que je ne dis pas, parce qu'elles ne se trouvent ni dans le livre de Duhamel ni dans le *Bon-Jardinier* de cette année.

Sans compter, dis-je, la greffe sur sapin, bois dont on fait des trônes, en sorte que l'on pourrait dire que l'on ente un poirier sur un trône;

Sans compter la greffe sur bambou, qui fait du sceptre un manche de parapluie;

Sans compter la greffe sur pois-chiche, de laquelle résulte un gros fruit à quatorze pépins, appelé *Liste-Civile*;

Sans compter la greffe sur *seringat*, où se résume la mystérieuse alliance du Trône et de la Chaise-percée, de la Main-de-Justice et du Clysoir.

Il y a bien d'autres arbres encore, bien d'autres

plantes à citer, parmi lesquels s'élèvent ambitieusement l'Arbre-de-Judée, qui fait du poirier un arbre juif; — et le Chou-de-Bruxelles qui, brouté par la chèvre hollandaise, n'a rien trouvé de mieux à faire que de s'enter sur la poire *Belle-Louise*, et de placer ainsi la poire française entre la chèvre et le chou.

Nous n'hésiterons pas à nous décider, parmi toutes ces greffes, pour celle qui, à notre avis, réunit le plus d'avantages et offre le moins d'inconvéniens. Nous voulons parler de la greffe sur *franc*, laquelle, comme on sait, déplaît à nombre de gens, partisans de la greffe en couronne, et qui pourtant, combinée avec celle-ci, aurait, nous n'en doutons pas, de fort beaux résultats comme procédé d'horticulture et comme moyen de gouvernement.

Tant que les partisans de la greffe en Couronne

s'obstineront à ne pas greffer sur *franc*, ils recueil-
leront de cet entêtement les fruits les plus amers,
les poires d'Angoisse les plus vertes, et tout ce
que vous pouvez imaginer de plus désagréable-
ment rebelle à la gustation en fait de poires d'*Ah!
mon Dieu!*

Considérations philosophiques

SUR

LES ASPERGES MONTÉES.

CHAPITRE XI.

Nil excelsior.

Considérations philosophiques sur les Asperges montées.

« — Qu'y a-t-il de plus long au monde, à votre
« avis ? »

14

Telle était la question que m'adressait l'autre jour un de mes amis de collége et de plaisir, Jules V***, le plus intrépide questionneur que je sache.

Heureusement qu'il ne me demandait pas ce que je connaissais de plus grand. Cette question m'eût singulièrement embarrassé. Les grandes choses sont rares par le temps qui court : les grands hommes aussi.

Mais il voulait savoir ce que j'imaginais de plus long. — Je répondis à peu près ce qui suit : — « Entre autres choses raisonnablement longues, on peut citer, outre la flèche de Strasbourg et l'aiguille de Milan, —

Le chemin de fer de Liverpool à Manchester;

Le papier *sans fin* de MM. Montgolfier, d'Annonay;

La *Justification* de M. Barthélemy;

La taille de M. de Saint-Valery, le bibliothé-
caire, et celle de M. Madier-Montjeau, le député;

Les bras de M. Thiers;

Une période de M. Villemain;

Une épître de M. Viennet;

Une addition de M. Humann;

Le nez de M. d'Argout;

Le quart d'heure de Rabelais;

Le chapitre des chapeaux, dans Aristote;

La moue d'un député qu'on charivarise;

L'étonnement d'un fondeur de cloches;

14*

Le rire des dieux d'Homère;

La double vue des montagnards écossais;

La patience des peuples en général, et celle du peuple français en particulier;

Le désarmement universel;

La liste des poires;

La liste des nouveaux pairs de France;

La liste des protocoles de Londres;

Toutes les listes possibles, depuis la liste électorale jusqu'à la liste-civile;

M. Klein, du Gymnase;

Les asperges montées....

A ce mot d'*asperges montées*, je m'interrompis

tout-à-coup et je me remémorai cette végétation
phénoménale qui fait de l'asperge et du champignon, chacun en ce qui le concerne, je ne sais
quoi de merveilleusement hâtif et de prodigieuse-
ment enclin à croître et à multiplier, comme dit
l'ancien Testament; quelque chose de vivace, de
parasite, de multiple, d'abondant et d'importun;
quelque chose enfin d'assez comparable en obstination, en insolence, en quantité, à ce peuple innombrable de courtisans effrontés, d'aguer-
ris solliciteurs et d'intrépides valets qui poussent
par milliers dans les antichambres du pouvoir,
populaire ou non, vers les premières heures d'une
royauté, vers les dernières heures d'une révolution.

Je me souviens aussi de l'interminable longueur
de certains individus, personnages grêles du reste
et ployables à volonté, que l'aunage indéfini de

leur taille a fait baptiser par toutes les Opposi-
tions, du nom expressif d'*asperges montées*.

De ce nombre était, sous la Restauration,
l'exorbitant M. Beugnot, que la célébrité de la
girafe effaroucha d'abord, mais qui reprit ensuite
sur le quadrupède-géant un avantage éclatant et
mérité.

Toutefois, il faut bien l'avouer, cette haute
illustration, si chèrement, si loyalement acquise,
l'illustration de M. Beugnot s'éclipse totalement
devant celle d'un jeune contemporain, grand pa-
cificateur de villes insurgées, grand danseur de
galops, grand bâtoniste et grand-poulot.

Ce jeune contemporain, vous avez pu le voir
parader en grand costume d'écuyer de Franconi,
les jours de fêtes et les dimanches, sur son grand
cheval de carton, quand la générosité paternelle

avait jugé à propos de se signaler envers lui, par le don extraordinaire d'une pièce de cinq francs;

Vous l'avez vu se camper sur la hanche, comme un scapin de comédie, pour se donner un air martial, et se faire peindre en artilleur, en prince Eugène ou en duc de Reischstadt;

Vous l'avez vu s'exercer à parler en public devant des petits bons-hommes de bois taillés en maires, en préfets et en conseillers de préfecture, et s'acquitter de ces menues répétitions de corvées gouvernementales à la satisfaction de monsieur son père, lequel cependant jase beaucoup, à ce qu'on dit :

Vous l'avez vu un jour prendre sa foudre de fer-blanc et s'élancer *comme un lion* sur une hydre en pain d'épice, dans l'œsophage de laquelle écumait une révolte de crème fouettée;

Vous l'avez vu revenir de cette mémorable expédition, non pas culotté en artilleur, comme il
était parti; mais déculotté en Hercule-Farnèse,
massue au poing et peau de lion sur les épaules;
beau de ses exploits et de sa nudité;

Vous l'avez vu sortir mainte fois du logis sans
papa, sans maman, sans gouverneur et sans bour-
relet, comme un grand garçon bien sage auquel
on permet, aux heures de récréation, d'aller
jouer dans la cour.

Il ne s'est jamais perdu à la promenade, et
quand il s'y serait perdu, ses bons parens lui ont
si souvent répété qu'*avec une langue on va à Rome;*
— ils lui ont si exactement fait apprendre par
cœur son nom et son adresse, que notre jeune
contemporain ne se fût jamais égaré qu'avec connaissance de cause. Il eût retrouvé son chemin

plus facilement que le petit Poucet, en disant au premier venu : — « Je me nomme Grand-Poulot et je loge à tel endroit. » —

Somme toute, l'enfant dont je vous parle est d'une belle venue. C'est un grand brin de fils assez joliment constitué. Il fait l'orgueil de sa mère, et procure à l'auteur de ses jours toutes sortes de satisfactions.

Il est propre et rangé, soigneux de ses *effets*, et scrupuleux au dernier degré pour les taches de graisse et les boutons arrachés. Il achète son lait lui-même, tous les matins, et mange dans ce lait une flûte de gruau.

Il salit peu de linge, et écrit exactement tous les quinze jours le mémoire de sa blanchisseuse.

Il n'a pas d'intrigue amoureuse avec cette blanchisseuse, car outre qu'il n'est pas naturellement fort propensif aux plaisirs de l'amour, ces plaisirs assurément l'entraîneraient à des dépenses folles qu'il juge prudent d'éviter : telle serait, à son avis, l'obligation rigoureuse de payer une soirée de spectacle à l'objet adoré ; laquelle soirée coûterait gros, en y comprenant les rafraîchissemens d'usage : c'est à savoir la bierre de mars et les marrons de Lyon.

Si notre jeune héros regarde un peu à la dépense en certains cas, il en est d'autres aussi qui nous le montrent facile et extrêmement rond en affaires. Ce sont les cas où il s'agit pour lui de *recettes*. Alors il *groupe* hardiment les chiffres comme M. Thiers ; il additionne et multiplie à l'infini comme M. Humann ; il aligne six zéros à la suite d'une unité, et s'écrie comme le lion de la fable : « *Primo mihi !* » — C'est tout le portrait de son père, cet enfant-là !

La première fois qu'il me fut donné de contempler ce grand garçon dans la splendeur de sa bonne mine et la magnificence de son bel habit de rhétoricien , — c'était le jour où il jeta au vent cette parole moqueuse dont le petit sarcasme aurait beau jeu maintenant à s'escrimer sur les petits professeurs de Sorbonne que le bon plaisir de la royauté-bourgeoise de Juillet vient tout récemment de travestir en pairs de France :

« *C'est à en mourir d'hilarité !* »

Telle fut l'exclamation que laissa échapper notre jeune héros , un jour qu'il était fort gai pour avoir bu quelques doigts de vin blanc. J'ai retenu avec soin cette petite phrase qui résume en elle toute grâce urbaine et toute nonchalante amabilité.

Je sais tels gens, fort estimables d'ailleurs, bons pères, bons époux, bons citoyens et meilleurs gardes nationaux qui tiendraient facilement dans le fourreau de leur parapluie. J'en sais d'autres, et notamment notre jeune héros, pour qui cette enveloppe serait encore trop large, et qui préféreraient s'étendre de leur long dans le fourreau de l'épée de M. Villemain.

Nous parlions tout-à-l'heure de l'uniforme d'artilleur de la garde nationale parisienne. Il est à remarquer que cet uniforme, rouge et bleu, que porta plusieurs mois notre jeune contemporain, est devenu de mode parmi les bambins des Tuileries et du Luxembourg qui veulent jouer aux soldats. L'uniforme d'artilleur est à la portée de tant de bourses! Il est devenu, sinon une des premières nécessités de l'époque, du moins une des conséquences les plus réelles de Juillet. Vous ne voyez pas une bonne d'enfant qui n'ait devant elle, à quelque pas, un petit artilleur jouant à la *revue* ou au cerceau. Vous ne rencontrez pas un marchand de bas de coton qui ne se pavanne à côté de son dadais de fils uniformé de laine rouge et de drap bleu depuis la tête jusqu'aux pieds. C'est que la laine rouge est abondante, surtout chez les bonnetiers, et qu'il n'est pas besoin de dépenser beaucoup pour se fournir d'épaulettes citoyennes, lesquelles sont chez nous, comme on sait, à meilleur marché encore que les rois-citoyens.

Or l'économie est une belle chose, aux Tuileries comme au Marais, dans une arrière-boutique de marchand bonnetier comme dans un salon doré du pavillon de Flore, habité par un roi des Français.

Que si l'on nous demande à propos de quoi nous nous sommes interrompus de notre tâche primitive, laquelle était, je crois, un examen approfondi de la poire, considérée sous toutes ses faces, étudiée sous tous ses rapports ; — pourquoi nous avons fait tout-à-coup excursion dans le vaste champ des *Asperges montées;* — pourquoi nous nous sommes brusquement jetés ainsi d'un sujet sur un autre, sans autre raison que notre caprice, sans autre nécessité que notre fantaisie ; — à tout cela nous répondrons que, dans la course scientifique entreprise par nous, course périlleuse autant que le fut jamais chasse au clocher (*steeple chase*), élancée du fond de quelque comté d'Angleterre à travers champs, ravins, buissons et fondrières, nous nous sommes mé-

nagé la faculté de changer de selle à la première
envie qui nous en prendrait; nous conformant en
cela, non seulement à l'habitude de quelques joc-
keys anglais, non-seulement à l'usage adopté, de
temps immémorial, par les écuyers de Franconi;
mais encore à la coûtume de beaucoup de *cou-
reurs* ou *sauteurs* politiques, lesquels, pour changer fréquemment d'allure et de partis, n'en font
pas moins très-vite leur chemin, comme vous
voyez.

Toutefois, comme il nous importe d'arriver
sain et sauf au but que nous nous sommes proposé
en commençant ce livre, et que les tours de
force d'une selle à l'autre pourraient, à la longue,
et en se renouvelant à l'infini, causer de vives
impatiences aux parieurs et de notables dommages
au cavalier; nous allons, s'il vous plaît, sortir immédiatement de ce champ d'asperges, et repren-

dre le pavé jusqu'à ce grand poirier là-bas, au bout du chemin, qui se dessine si gracieusement en quenouille sur l'indigo de l'horizon.

Poirivores et Poiricoles.

CHAPITRE XII.

Prenez et mangez.
J.-C.

Poirivores et poiricoles.

La *Coucaratcha* de M. Sue, cette mouche es-
pagnole qui pique les gens et les rend si causeurs,

15*

nous a piqué au vif assurément dès le premier
pas que nous avons fait dans le premier chapitre
de ce Traité. Cela doit être ainsi; autrement,
comment s'expliquer ces perpétuelles distractions
qui nous jettent à tout propos hors des routes
battues pour nous engager nous, flâneur sensuel,
dans un labyrinthe inextricable de sentiers de
traverse, la plupart fort étroits, et si industrieu-
sement embrouillés les uns dans les autres, qu'il
nous est souvent fort difficile d'en sortir pour
nous orienter, et regagner tant bien que mal
les arbres du chemin! — Quoi qu'il en soit, nous
voilà rentrés dans la question, et, Dieu aidant,
nous n'en sortirons plus.

Nous y voilà rentrés, bien certainement, car
la poire a toutes sortes d'affinités, selon nous,
avec ceux qui la cultivent et avec ceux qui la
mangent. Une Physiologie complète de la poire

doit donc être augmentée, ne fût-ce qu'à sa vingt-
sixième édition, d'une rapide monographie des
Poirivores et des *Poiricoles*, des gens obséquieux
qui *soignent* le fruit, et des gens gloutons qui le
savourent à belles dents.

Ceux-ci comme ceux-là vivent de la poire et
auraient grand tort, à notre avis, de faire les dégoûtés, de donner le *coup de pouce*, et de cra-
cher les pépins.

Tous les fonctionnaires publics, depuis le
premier-ministre, président du conseil, jusqu'au
garde-champêtre, en passant par le préfet, le
sous-préfet, le maire, l'officier de gendarmerie,
le procureur du roi et le sergent-de-ville ; — tous
les fonctionnaires indistinctement sont d'insatia-
bles poirivores, quoique tous, il faut bien l'a-
vouer, ne se soient pas montrés constamment
ce que nous les voyons aujourd'hui : c'est-à-

dire, enthousiastes de jardinage, et poiricoles assidus.

Plusieurs d'entr'eux se sont occupés, quinze années durant, de la culture des lis. Mais, jardiniers indignes, ils ont, à la première occasion venue, délaissé le fleuriste, et sont passés au potager.

Spéculation de pot-au-feu! —

Certes il fait bon, j'en conviens, il fait bon être fonctionnaire public! Il fait bon s'asseoir au fauteuil, au canapé — ou au tabouret, comme on voudra, de l'administration; dût cette administration, prise un jour en haine ou en dégoût par l'opinion, tomber avec vous, de tout son poids, du haut pinacle où l'ironie du hasard l'a placée un jour; dût-elle, en s'écroulant, vous enterrer vif sous quelque forteresse appelée Ham, Pigne-

rol ou Mont-Saint-Michel.—Oui, certes! c'est
quelque chose que d'être un centre quelconque
vers lequel tendent, comme vers un pôle naturel,
faveurs et flatteries; faveurs d'en haut, et flatteries d'en bas; de pouvoir se dire: — «A l'heure
« qu'il est, on me considère, on me craint, on
« me vénère, on me siffle, on me bafoue, on me
« charivarise, on me chansonne! » — Une belle
position que celle-là! — et je ne sache rien au
monde qui puisse balancer l'importance réelle
d'un préfet ou d'un garde-chasse, d'un sergent-
de-ville ou d'un procureur du Roi.

Dans l'état social, nous autres mortels nous
avons besoin d'une étoile qui nous guide, d'un
doigt indicateur qui nous montre la route, d'un
serpent, à l'instar de celui d'Aaron, qui attire
nos regards pour nous guérir. Cette étoile, ce
doigt, ce serpent, c'est un préfet dans un dépar-

tement, un maire dans une commune, un garde-
chasse dans une forêt de la Couronne, un procureur du Roi dans le ressort d'une cour royale,
un sergent-de-ville dans une émeute en cravates
rouges et en chapeaux cirés.

Commençons par le préfet, et adressons-nous
d'abord cette question : — Qu'est-ce qu'un préfet ?

Un préfet, — c'est un demi-dieu suscité pour
le salut de toutes les monarchies, un ange-gar-
dien, avec des aîles au dos, toujours là, de faction,
entre le Roi (n'importe lequel) et son peuple,
afin de refléter sur celui-ci quelque peu de la
splendeur officielle empruntée à celui-là ;—c'est un
individu *grave et serein*, avec une morne dignité
prête à tout évènement, pouvant servir à deux
fins suivant les circonstances, et attirer le respect
sous tous les régimes, aristocratiques ou popu-

lassiers. C'est la monnaie de la pièce d'or qui brille aux Tuileries. Que cette pièce d'or soit à l'effigie de Napoléon, de Louis XVIII, de Charles X ou de Philippe Ier, peu importe. La banale monnaie représente toutes les valeurs sous tous les noms. Un préfet, c'est une peau de tambour de basque, habilement tendue, rendant des sons argentins, et toujours prête à recevoir ou transmettre des bruits gais, lugubres, bouffons, grotesques, affligeans, rassurans ou alarmans, selon la main qui l'agite et le doigt qui frôle sa surface en bondissant. Un préfet enfin, c'est un plastron réagissant, une force tout-à-la-fois passive et répulsive;—ou bien encore, pour parler plus clairement, une idée participant de deux natures diverses: gouvernementale d'un côté, peuple de l'autre;—un mot à double entente, si vous aimez mieux.

Cette définition suffit, je pense, à vous démon-

trer combien il est glorieux d'arriver et de se
conserver au poste de préfet d'un département. —
Mais, hélas! toute médaille a son revers ! Il n'est
si haute pyramide qui ne projette son ombre.—
Que d'obligations imposées à un préfet! — Je dis
un bon préfet, un homme véritablement imbu des
doctrines administratives, et poussé surtout du
beau désir de sauver la monarchie à lui tout seul!
— Être perpétuellement sur le *qui vive* ; recevoir
par jour vingt nouvelles officielles, toutes différentes quelquefois, vingt ordres contradictoires;
— tous les quinze jours une circulaire ministé-
rielle, diagnostic évident d'un changement de cabinet, partant, d'un changement d'idées…— Oh !
la couche préfectoriale n'est pas un lit de roses,
comme se l'imaginent les solliciteurs de préfectu-
res! — C'est un gril, bien souvent, un gril rougi
sur un brasier. Pour un qui sait s'y retourner, plusieurs y flambent et s'y dessèchent. La pairie con-

férée à M. Maurice Duval ne doit pas faire oublier
la disgrâce de M. Bouvier Dumolard.

M. Maurice-Duval est le type du préfet poirivore. — Il a mordu dans la poire de Juillet à belles
dents.

Passons aux maires de communes et d'arron-
dissemens.

Un maire, pour être moins apte qu'un préfet à
endosser l'hermine de la pairie, n'en est pas moins,
je vous assure, quelque chose de fort considérable
dans le gouvernement. C'est un des fonctionnaires
les plus éminens de la cohue privilégiée qui fonc-
tionne. C'est une des têtes les plus altières du
léviathan administratif. Pour qui sait, d'expé-
rience, ce que c'est qu'un maire, l'importance de
ce haut officier municipal n'offre point matière à
contestation. Pour qui a eu l'avantage, une fois

en sa vie, d'être *chargé* par MM. de la Garde Nationale, deuxième légion, baïonnette au vent et
M. Lefort en tête, il n'y a pas lieu, bien certainement, à nier l'utilité des maires d'arrondissement,
et particulièrement celle de M. Lefort, le maire
du quartier des Champs-Élysées et de la Place de
la Révolution. Et parce que nous nommons ici
M. Lefort (lequel n'est pas celui de Pierre-le-
Grand), il faut bien vous garder de croire que
M. Lefort soit le seul maire de Paris auquel la
Royauté des barricades doive, en conscience, un
triple brevet de pair, de grand poirivore, et de
grand citoyen. Non, assurément non. La France
peut être à court d'hommes de génie et d'hommes
d'État; la France peut avoir déchiré, feuillet à feuillet, le vieil armorial de ses aïeux, et n'avoir plus,
pour remplacer ces grandes pages absentes, que
les images mal lithographiées de Louis - Philippe
embrassant Lafayette, de Louis - Philippe prêtant

serment à la Constitution-Bérard, de Louis-Philippe s'écriant, la main sur le cœur et le drapeau de Jemmapes à la main : « — *La Charte sera désormais une vérité!* » — La France peut avoir à regretter les grandes époques de l'ancienne Monarchie, à regretter les hommes de cette Monarchie, depuis les vieux pairs de Charlemagne jusqu'à M. de Martignac inclusivement : — La France peut être à court aujourd'hui de tout cela ; à court de gloire, à court de bonheur, à court même d'argent ; mais bien certainement elle ne saurait se plaindre de manquer de fonctionnaires publics et d'officiers municipaux. Les douze pairs de Charlemagne sont avantageusement remplacés, ce me semble, par les douze maires de Paris, lesquels deviennent *pairs* eux-mêmes, au besoin, selon que la chose agrée au Roi *des Français*, dans ses fantaisies de création. Voyez plutôt monsieur Rousseau qui résume en lui maintenant la mystérieuse

triplicité du pharmacien, du maire et du pair!
M. Rousseau, tour à tour apothicaire, rue Mont-
martre, maire dans l'arrondissement de sa phar-
macie, puis enfin pair au Luxembourg, dans la
ville même de Paris, qui l'a vu maire et pharmacien! — De ces exemples-là nous n'en manquons
pas. Ce sont choses toutes simples et toutes communes aujourd'hui que la Pairie n'est plus hérédi-
taire, et que M. Humblot-Conté, le marchand de
crayons, s'assied sans façon au fauteuil des Rohan,
des La Trémouille et des Montmorency.

Il est inutile de dire que la double épithète de
Poirivore et de *Poiricole* s'adapte au nom de
M. Rousseau, maire et pair, de la façon du monde
la plus exacte et la plus naturelle; quoique
M. Rousseau, pour préserver apparemment son
nom de cette rallonge disgracieuse, ait pris soin
de le couvrir des deux initiales J. J., lesquelles, à

la vérité, sont les siennes, comme elles sont celles de Jean-Jacques, le grand homme, et de Jules Janin, le petit Monsieur.

Les procureurs du Roi sont carnivores et poirivores tout-à-la-fois. Ils mangent indifféremment de la chair de Bergamotte et de la chair humaine. Ils s'abreuvent à longs traits du jus de la *Mouille-Bouche* et du sang du *Bousingot*, comme ils ont imaginé de baptiser le républicain. — Ce sont gens de proie, âpres à la curée, tondant sur tout, mordant sur tout. Eux et les avocats-généraux forment un peuple malfaisant dont je vous engage sincèrement à vous défier. — Persil est l'échantillon de l'espèce. — *ab uno disce omnes.*

Après les hauts fonctionnaires poirivores, après les préfets, après les sous-préfets, après les gros municipaux, après les magistrats, viennent les mangeurs en sous ordre, les grageurs subalternes, les dévorans au petit-pied. Peuple avide et insatiable s'il en fût! Peuple de mouchards décorés et de sergens-de-ville, *hommes de Juillet*; peuple de valets-de-plumes, aligneurs de *premiers-paris* et d'alexandrins *corrosifs*, dont la soif défierait la soif mythologique de Tantale, dont la faim défierait la faim pantagruélique d'Erésichton. — A ce menu peuple de gloutons le pouvoir jette les pelures, les épluchures de la poire, les *trognons* à-demi rongés, tout ce dont enfin les délicats et les dégoûtés ne veulent pas. De cette façon tous les appétits sont satisfaits, depuis les plus scrupuleux jusqu'aux plus grossiers. —Il faut bien que tout le monde vive, comme disait le bon Roi.

Si le lecteur était plus endurant, nous lui donnerions encore ici une belle nomenclature, celle des *rivores*, que nous aurions grand soin de disposer précisément en regard de la liste des *poiricoles*. — Nous transporterions nécessairement beaucoup de noms appartenant à celle-là dans celle-ci, au risque de nous répéter, ce dont beaucoup de phraseurs méticuleux se garderaient, nous le savons, comme d'une faute ; ce dont nous, au contraire, nous nous empresserions d'accepter toute la responsabilité comme d'un devoir.

Mais le lecteur n'est pas endurant.

Ce qui fait que nous n'imprimerons pas de kyrielle révélatrice, ainsi que nous nous l'étions proposé d'abord.

Nous nous bornerons à citer les noms *rococos* à force de célébrité, que laisseront dans les fastes gourmands de la poire MM. Lobau, Soult, Atha-

lin, Rumigny, Jacqueminot, Sébastiani, Girod
(de l'Ain), Gisquet, Guizot, de Broglie, Barthe,
d'Argout, Thiers, etc., etc.;

— Et, par-dessus tous, son-Talivet!

Éclipse totale de la poire.

CHAPITRE XIII.

<hr />

Éclipse totale de la poire.

<hr />

Ce treizième et dernier chapitre du Traité *De fructu Pyri*, n'aura pas d'épigraphe, et j'en suis

sincèrement fâché pour vous, complaisant lecteur ; mais il m'eût été impossible de clouer une
épigraphe, quelque vague qu'elle fût d'ailleurs, en
tête de ce chapitre, sans me rendre coupable de
non-sens, et vous savez que les *non-sens*, pour
avoir quelquefois été employés avec succès dans
quelques beaux discours de ma connaissance, vulgairement appelés *Discours du Trône*, où ils
étaient spécialement formulés en promesses éva-
sives et en niaises vanteries de cour, n'en sont pas
moins tenus, par tous les bons esprits de la Com-
mission du Dictionnaire, pour d'énormes délits et
d'outrageux affronts à la majestueuse pureté du
beau langage français. — Veuillez, en effet, me
répondre sur la question assez compliquée que
voici :

Mon intention bien formelle était de vous donner ici quelques notions générales sur la manière

de faire cuire les poires, de les réduire en compotes, de les métamorphoser en raisiné, etc., etc.
— J'avais, en outre, le projet de vous entretenir
des diverses maladies de la poire, maladies singulières pour qui les étudie de près, et parmi lesquelles il convient de citer la maladie de la *pierre*;
comme une des plus chroniques et des plus obsti-
nées dont la poire offre parfois les symptômes
évidens. Or quelle épigraphe à double face, quelle
citation à double tranchant eût pu suffire à vous
éveiller tout d'abord sur toutes ces choses hétéro-
gènes entre elles? Quelle vedette perdue se fût
trouvée assez soudaine à la réplique pour répondre
d'un mot à deux appels aussi différens? — Je n'en
sais aucune, quant à moi, dont l'ingénieuse intré-
pidité m'eût satisfait complètement sous ce double
point de vue, et j'ai l'intime persuasion qu'après
mille recherches infructueuses, il m'eût toujours
fallu adopter, comme seule et dernière expression

des sentimens divers qui nous agitent au commencement de nos chapitres et à la fin de nos idées,
la grande et providentielle épigraphe de M. Lad-
vocat, l'honorable éditeur du *Livre-des-Cent-et-*
Un : — « AIDEZ-MOI! »

Ce qui m'a déterminé à ne pas vous parler de
la poire en compotes, c'est que le moment n'est
pas loin où vous pourrez vous instruire là-dessus
vous-même autrement que par des préceptes.
Nous touchons à la saison des poires à cuire, et
les exemples fameux de fruits royaux réduits en
marmelade ne vous manqueront pas, je vous en
avertis.

Quant à la maladie de la *pierre*, il n'est aucun
besoin, je pense, de vous donner, sur ce point,
des détails techniques, autant que le sujet semble-
rait en comporter. La connaissance de cette fameuse maladie est devenue chez nous chose assez

populaire. Il n'est personne en France assurément qui ignore aujourd'hui ce penchant décidé qu'a de tous temps montré la poire pour cette endiablée maladie de la pierre, si admirablement décrite par le docteur Civiale, et dont sont morts, à ma connaissance, nombre de gens d'esprit, y compris Désaugiers, le chansonnier. — Remarquons, en passant, que cette infernale maladie calcaire, — cette insupportable maladie du plâtre ou de la pierre, qui a fait mourir Désaugiers le chansonnier; — remarquons, s'il vous plaît, qu'elle fait vivre aujourd'hui M. Fontaine, l'architecte.

Considérant tous ces motifs, nous avons jugé à propos de passer outre au chapitre des *Compotes* et au chapitre des *Poires pierreuses*, qui eussent infailliblement fait longueur ici. Nous avons ramassé toutes nos forces pour nous passer de ces

deux auxiliaires gênans qui eussent pu, en la sus-
pendant, entraver notre course et. . . . .

. . . .

— Comment? — Qu'est-ce? — Quoi? — Qu'y
a-t-il?— m'écriai-je tout-à-coup en me renversant
sur le dossier de ma chaise après avoir griffonné
ces derniers mots.... —

C'était un éblouissement qui me prenait.

Un éblouissement accompagné de tintemens
d'oreille et de vertiges singuliers.

Tout changea d'aspect autour de moi.

Je crus assister à une éclipse visible à Paris.

Une éclipse de quoi? — Soleil ou lune? — Ni
l'un ni l'autre. — Écoutez!

Je m'imaginai d'abord voir un grand nuage de
fumée s'élever de notre horizon politique, s'éten-

dre, s'accroître peu-à-peu, s'amonceler sur le
Louvre, les Tuileries et Saint-Cloud comme un
dais menaçant, puis s'ouvrir et s'éclairer de feux
rapides et répétés semblables aux éclairs de la fu-
sillade. Ces sillons lumineux traçaient dans les
airs, de vingt manières différentes, les dates *glo-*
rieuses de Juillet, puis s'effaçaient pour reparaître
encore avec plus de bruit et d'éclat. — Je clignai les
yeux involontairement, tant cela m'éblouissait.
Mais peu-à-peu je parvins à les arrêter sur le re-
doutable météore. Il me sembla que toute la ville
étincelait de lueurs électriques. Le château des
Tuileries, le Louvre et Saint-Cloud suffoqués sous
le poids de la terrible nuée, haletaient comme
des êtres animés.

Bientôt un triple éclair s'attacha au paraton-
nerre de chacun de ces trois palais royaux, et s'y
arrêta comme par enchantement.

C'était le drapeau tricolore, le drapeau de Jemmapes et d'Austerlitz ; — c'était le pavillon de la
France *régénérée!*

Or dès que ce signe flottant fut arboré aux
Tuileries, le nuage d'éclairs et de fumée se
dissipa tout-à-coup et laissa voir sur l'azur tranquille du firmament une grosse étoile brillante,
de la forme d'une poire, laquelle, par momens,
s'alongeait sur elle-même, et par momens aussi
s'arrondissait avec des tremblotemens lumineux
tout scintillans d'aise et de satisfaction. — Cet
astre m'était apparu assez pâle avant qu'il s'éclip-
sât tout à fait derrière la nuée révolutionnaire.
Il m'apparut cette fois dans son plein, et je crus
un instant que c'était un ballon d'artifice...

Ce n'était pourtant rien moins que la royale
poire dont la ressemblance orne le frontispice de
ce Traité.

L'apparition au milieu du ciel de ce bizarre *labarum* me frappa d'un étonnement difficile à décrire.

Il m'eût été donné de contempler face à face la fameuse vision d'Ézéchiel, toute resplendissante de flammes vives et toute monstrueuse avec ses animaux groupés et ses roues bibliques ;

Il m'eût été permis d'envisager la fatale bête de l'Apocalypse, ou le prodigieux météore de la croix de Migné ; — que je n'eusse pas éprouvé une surprise moins vive et un effroi moins énergiquement senti que celui-là ! —

Si encore le signe flamboyant se fût borné à passer sur le firmament politique et se fût éteint comme tant de lueurs réputées éternelles, dont l'éclat ne dure que le temps physiquement néces-

saire à l'intronisation d'une dynastie bourgeoise,
à la procréation d'une Charte-Vérité!...

Mais il resta fixe et stationnaire au beau milieu
du firmament; il s'y établit gravement dans un
superbe *statu quo*, et s'entoura de cette légende
pompeuse, renouvelée des tems où la parole di-
vine était écrite dans le ciel en caractères de feu : —

IN HOC SIGNO VINCES!

Ce qui voulait dire apparemment :

« La France sera heureuse au dedans et res-
« pectée au dehors. »

Ou bien :

« La France remportera une grande victoire
« *sous* les murs de Lisbonne! »

Ou bien encore :

« La nationalité polonaise ne périra pas ! »

Toutes choses dont l'événement vous a suffisamment démontré l'incontestable vérité, consi-
gnée, pour mémoire, dans les *Moniteurs* du temps.

Que les orgueilleux charlatans de l'antiquité,
que les *frères d'Hélène* se targuent maintenant de
la place, assez vulgaire entre nous, qu'ils occupent
parmi les constellations ; — que les flatteurs de
Rome, Virgile y compris, poètes complaisans qui
vivaient de la liste-civile de César, élèvent, dans
leurs chants payés, la gloire du grand Empereur
à la condition stellaire ou sidérale de quelque
grand corps lumineux, admis, par licence expresse
de ces messieurs, au nombre des grands corps
célestes, visibles au télescope ou à l'œil nu ; —
que toutes ces usurpations effrontées se consacrent
parmi nous, et s'enregistrent en caractères astrolo-

giques sur le globe colossal *del signor* Coronelli ;
— la POIRE n'en reste pas moins en possession d'un
poste fort lucratif et fort avantageux de toutes
façons dans l'immense hiérarchie planétaire étudiée si assidûment par les infatigables savans du
bureau des longitudes. Elle n'en reste pas moins
une fort belle étoile, qui, pour s'éclipser de temps
à autre et s'effacer parfois comme une *nébuleuse*,
occupe l'attention des badauds tout aussi brave-
ment que s'il s'agissait du ballon de Tivoli ou de
la comète future de M. Arago. — Cette splendeur
durera jusqu'à ce que l'étoile en question *file*
comme toutes les autres étoiles, ses sœurs, dont
Dieu lui-même n'a pas argenté la face et cloué de
sa main le centre lumineux aux voûtes éternelles
du firmament.

Outre l'éclipse de la poire durant les trois
journées de Juillet, nous eûmes encore une

éclipse semblable de cet astre benin lors des journées de décembre où furent jugés les ministres de
l'autre gouvernement. — Cette dernière éclipse
fut courte, il est vrai, mais totale, autant qu'il
m'en souvient. — Le seul astre qui commandât
l'horizon à cette époque, s'appelait d'un nom
tout américain en France et tout français en Amérique, d'un nom très-peu populaire à l'Observa-
toire, fort populaire aux États-Unis. Cet astre, ce
n'était ni Sirius, ni Herschell, ni Saturne, ni
Mercure, ni Vénus, ni Mars;

Ce n'était ni le soleil, ni la lune :

C'était Lafayette.

Et à propos de l'Amérique et des Etats-Unis,
vous me permettrez de remarquer que, par ce

17

temps d'éclipses et de comètes, effectuées ou pro-
mises, nous devons nous estimer fort heureux,
nous autres gens du peuple, de n'être pas tout-à-fait
aussi simples que l'étaient les compatriotes de Mon-
tézuma et de Guatimozin, du temps où Christophe
Colomb découvrit la terre des Caciques et des
Natchez. On sait que ce grand navigateur ex-
ploita à son profit, *chez les sauvages*, une éclipse
de soleil, visible à Lima, dans le Nouveau-Monde,
et sauva ses jours d'un grand péril, à l'aide d'une
jonglerie d'astrologue. — En vérité, je vous le
dis ! bien nous prend d'avoir étudié notre sphère
en sixième, et d'être allés quelquefois au cours de
M. Binet, au collège de France ! — Bien nous prend
de ne pas être des sauvages d'Amérique ! — Les
gouvernans nous feraient aller où et comme ils
voudraient avec une moitié d'éclipse, avec un
demi-quart de comète, et Dieu sait où cette aveu-

gle confiance en eux nous conduirait!.... — Heureusement nous lisons le *Double-Liégeois*, et les
gouvernans poiricoles n'en sont pas où ils pensent
avec un homme tel que Mathieu Laensberg. Nous
avons des verres noircis pour contempler les éclipses de soleil, des télescopes à deux sous sur le
Pont-Neuf, pour étudier les éclipses de lune, et
mesurer les longues queues des comètes de
M. Arago. Un saint amour de l'astronomie s'est
heureusement répandu dans la petite propriété qui
voit tout, sait tout, se rend compte de tout. On
ne pourrait guère nous effrayer maintenant des
menaces du ciel, et les jours sont passés où les
noms des rois étaient cotés au grand-livre du firmament.

De tout ce qui précède il résulte, à mon avis,
que M. Thiers est infiniment moins grand que
Christophe Colomb, et que la Poire de Juillet fait

17*

un assez piteux effet dans le ciel à côté des constellations du *Bouvier*, par exemple, du *Serpent*,
du *Char* et de la *Chevelure de Bérénice*.

Conclusion.

CONCLUSION.

Ainsi disais-je ! — et la nécessité d'en finir se re-
présenta tout-à-coup à mon esprit plus impérieuse
et plus irrévocable que jamais. Je réfléchis que
tandis que nous parlions astronomie à propos de
botanique, il se pouvait fort bien qu'un méchant
avocat-général songeât, lui, par esprit de repré-
sailles, à nous parler politique à propos d'astronomie ; ce qui eût renouvelé pour nous l'aventure
malencontreuse de l'astrologue de Lafontaine, le-

quel se laissa choir dans un puits, au moment où les choses de là-haut commençaient à lui faire oublier complètement celles d'ici-bas.

Nous avons, à l'occasion de la poire-comestible, touché quelques mots des *poirivores* et des *poiricoles*. Nous aurions pu ici, à l'occasion de la poire - *constellation*, dire quelque chose des petites étoiles à la suite, des petites lueurs de reflet qui se groupent autour de l'astre principal, gravitent comme lui, s'illuminent de lui, s'éclipsent avec lui : — satellites benins qui flamboient sur la voie lactée de tous les pouvoirs, et s'argentent ou se dorent complaisamment à la clarté de toutes les lunes, aux rayons de tous les soleils! — Nous aurions pu parler de ces mille planètes inconstantes et douteuses dont les firmamens de la cour sont semés; — mais outre que le sujet même de ce livre nous interdisait une sem-

blable digression, nous avons pensé que le lecteur en aurait bien assez comme cela d'astronomie
et même de botanique. C'est pourquoi nous avons
clos cette savante Dissertation sur la Poire, déjà
trop longue peut-être, et nous l'avons couronnée
ici du bienheureux mot

FIN.

Table des chapitres.

TABLE DES CHAPITRES.

FIN DE LA TABLE DES CHAPITRES.

www.ingramcontent.com/pod-product-compliance
Lightning Source LLC
Chambersburg PA
CBHW052005020726
47501CB00004B/1009